私たちの社会福祉は可能か

社会福祉をイチから考え直してみる

Rethinking Social Welfare from the Ground Up

岩田正美

JN196253

まえがき

本書を手にとった皆さんにとって、社会福祉はどんなイメージでしょうか。子どもの保育、親の介護などの実際の生活経験から、社会福祉を思い浮かべる場合もあれば、年金や医療保険などの制度をイメージする方々もいらっしゃると思います。いやいや、地域で「子ども食堂」やってます、とかボランティアでデイサービスの手伝いしてます、困りごとの電話相談員ですなど、社会福祉サービスの「現場」で活躍されている方も少なくないかもしれません。他方で、「テレビで見たんだけれど生活保護とか不正も多いんじゃないの？ その割に年金が下がっているのは……」とか、「選り好みしなければ仕事はあるはずなのに、働いていない若い人へ支援っておかしくないか」とも思いがちです。さらに「満員電車に小さい子ども連れや車椅子の障害者が乗るのは、実際勘弁してほしいなあ」とか「ホームレス支援もいいけど、だから公園に彼らがいつくんだよね」と内心を打ち明けることもあるかもしれません。児童虐待の報道に接すると、親になりきれなかった親への怒りだけでなく、児童相談所は何してるんだ、と疑問が浮かんでくるでしょう。

本書で述べるように、社会福祉は多様な制度や活動を含んでおり、これらの制度や活動に関わる私たちの日常経験を通して、雑多で多面的なイメージを形成しています。雑多で多面的な社会福祉の基礎となる哲学も、社会福祉領域でよく使われる「正義」「平等」「人権」であるばかりでなく、メインストリーム社会の主要な価値とシンクロしているものが少なくありません。「自立支援」などはその代表といえましょう。

さらに、社会福祉それ自体も「排除」や「抑圧」「人びとの序列化」に加担してしまうような矛盾を含んだものとして立ち現れます。隔離と引き換えの保護、社会福祉職員による利用者への虐待、逆に利用者からの暴力にさらされる職員、市場と同じような費用対効果の向上が促され、利益を追求するような社会福祉サービスの供給体も生まれています。

こうしたことがなぜ生じているかというと、社会福祉も近現代社会の中で育まれ、近現代社会の共通の価値を基礎に置いているからだと、本書は考えています。つまり、社会福祉は近現代社会の「社会問題」へ対応するものとして現れますが、近現代社会とまったく異なったユートピアの価値や言葉、技法で構成されているのではなく、実は同じ社会の価値に根を置いた、現実主義的な対処をその内容としています。社会福祉は社会を根底から変革するものではなく、たとえてみれば社会に開いた穴を修正テープで塞いできたようなものともいえます。もちろん修正テープの存在が当たり前になって、テープで塞がなくてもいいような社会設計がかなりできるようになることもあるかもしれません。しかし、熱心に社会福祉を進めようとする人びとにとっては、修正テープ的で、社会のメインストリームの価値に簡単に染められてしまうような社会福祉は、物足りない存在と感じられるでしょう。あるいは、「スローガン」的に発せられる「地域共生社会」だとか互助の強調に違和感を覚えるかもしれません。それでも、そのような社会福祉が必要不可欠なのはなぜでしょうか。あるいはどのような社会福祉を志向していけば、社会福祉へのモヤモヤが少しは減っていくでしょうか。

このようなわけで、本書はあらためて社会福祉をイチから考えてみることにしました。イチから考えるとは、教科書の説明のような「決まり事」や「あるべき姿」ではなく、私たちの生活を基礎に、社会福祉という現実の制度の成り立ちや、そこで議論された考え方を解きほぐしていきたいということです。私たちの生活は、各自がどう自覚しようと、各自の「受益」がどう違おうと、社会福祉のシステムの中にすでに強制的に組み込まれています。この強制された社会福祉システムに、いわば「当事者」として関心を持ち続けることが、私たちの不安を軽減し、いくらかでもマシなシステムを展望していくための、第一歩と言えるのではないでしょうか。本書の中心は、現代日本の社会福祉にありますが、福祉国家一般の動向や考え方、日本に影響を及ぼした外国のキーワードなども挟み込みながら、議論していきたいと思います。

目次

著者紹介

岩田 正美（いわた　まさみ）

一九四七年生まれ。日本女子大学名誉教授。中央大学大学院経済学研究科修了。日本女子大学博士（社会福祉学）。東京都立大学人文学部助教授、教授を経て、一九九八年日本女子大学人間社会学部教授。二〇一五年定年退職。

主な著書に『戦後社会福祉の展開と大都市最底辺』（ミネルヴァ書房、一九九五年、福武直賞、社会政策学会学術賞受賞）、『ホームレス／現代社会／福祉国家――「生きていく場所」をめぐって』（明石書店、二〇〇〇年）、『現代の貧困――ワーキングプア／ホームレス／生活保護』（ちくま新書、二〇〇七年）、『社会的排除――参加の欠如・不確かな帰属』（有斐閣、二〇〇八年）、『社会福祉のトポス――社会福祉の新たな解釈を求めて』（有斐閣、二〇一六年、日本社会福祉学会学会賞学術賞〔単著部門〕受賞）、『貧困の戦後史――貧困の「かたち」はどう変わったのか』（筑摩書房、二〇一七年）、『生活保護解体論――セーフティネットを編みなおす』（岩波書店、二〇二一年、日本社会福祉学会学会賞学術賞〔単著部門〕受賞）などがある。

二〇〇一年から一一年まで厚生労働省社会保障審議会委員、二〇一一年から一七年まで同審議会生活保護基準部会臨時委員、二〇一二年から一六年まで一般社団法人・日本社会福祉学会会長等歴任。

第 1 章

自助と「自立支援」

1 「自助・共助・公助」はなぜ流行っているのか

社会福祉は、その時々でいろいろなキャッチフレーズが編み出される世界ですが、このところの流行り言葉は、何といっても「自助・共助・公助」でしょう。この言葉のルーツはよくわかりませんが、新型コロナウイルス禍において「三つの密を避けよう」といったキャッチフレーズが編み出されるのと似ているかもしれません。日本人は「三つのナントカ」という言い回しが本当に好きです。「三つの柱」とか「三本の矢」、「人生の三つの坂」とか、いろいろありますよね。私の子どもたちが通っていた小学校では、「根気、勇気、やる気」の「三つの気」がスローガンでした。今でも我が家で暗唱できるのは、語呂がいいからでしょう。

さて、元国土事務次官の三井康壽によれば、「自助・共助・公助」というキャッチフレーズは、防災分野でよく使われ、特に阪神淡路大震災がその契機となっているそうです。この場合「公助」とは具体的には警察・消防・自衛隊などによる救助体制を、そして「災害対策基本法」のような法的・行政的責任を意味しますが、阪神淡路大震災クラスになるとこれに限界があることが明らかになったと述べています（三井 二〇一一）。確かに、その限界を家族や近隣による救助、ボランティアの活躍がカバーして、「ボランティア元年」とまでいわれたことはご記憶かと思います。

東日本大震災のときは「てんでんこ」という言葉が流行りました。これは各自てんでんばらばらに、という意味で、津波はあっという間にやってくるから、ともかく各自で逃げなさいという、三陸地方の言い伝えだそうです。つまり、災害時には、政府の対応を待つのではなく、自助（てんでんこ）、共助（家族や近隣、ボランティア等）が大事だというわけですね。これはなるほどと思いますが、かといって政府の効果的な災害救助体制が不要だということにはなりません。災害救助の公的責任は、「自助・共助・公助」というような三つの助として並べられる「公助」より、義務の強いものだと、三井も指摘しています。

災害救済と社会福祉は同じものではありません。では社会福祉において、なぜこの「自助・共助・公助」が流行っているのでしょうか。これは、現在ではキャッチフレーズという域を超えて、社会保障・社会福祉の持続可能性を維持するための枠組みという位置づけになっています。なぜ語呂合わせではなく、社会福祉の存続と関わってこのフレーズが位置づけられたのでしょうか。その場合、「自助・共助・公助」とはそれぞれ何を意味するのでしょうか。

2　里見による批判

社会保障・社会福祉における「自助・共助・公助」の使われ方に関心を持ち続け、これを批判してきたのは里見賢治です。里見は、自身で「資料的決定版」と位置づけた論文「厚生労働省『自助・共助・公助』の特異な新解釈と社会保障の再定義――社会保障理念の再構築に向けて」（里見 二〇一四）

において、政府の公式の資料において「自助・共助・公助」というフレーズがどのように使われてきたかを確認しています。

まず出てくるのは、一九九四年の「二一世紀福祉ビジョン」ですが、その前にもいわゆる「日本型福祉社会」の基本原理として自助、共助、公助が使われたことがあります。「日本型福祉社会」とは、介護を含めて高齢者問題がクローズアップされた一九七〇年代に登場したもので、日本の社会福祉は欧米型を追従するのではなく、日本社会の特徴である家族（三世代など同居による相互扶助）、地域（相互扶助）、企業（福利）という「含み資産」を重視して、国の役割を軽減しようとしたものです。

その意味で、このフレーズは新しくもないのですが、さすがに「含み資産」などは枯渇してしまった現在において「自助・共助・公助」を使う意味は異なっているはずです。里見は、特に二〇〇六年の内閣官房長官の私的懇談会であった「社会保障の在り方に関する懇談会」報告とこれを踏襲した同年『厚生労働白書』に注目し、ここで「共助」「公助」の「特異な解釈」が示されたと指摘しています。

では、「特異な解釈」とは何でしょうか。一九九四年の二一世紀福祉ビジョンと、二〇〇〇年の厚生労働白書では、共助＝家族、地域、企業、公助＝公的部門ないし社会保障とあり、上に述べた日本型福祉社会の解釈とあまり違いません。共助が家庭・地域社会、企業を示し、公助＝公的部門は社会保障・社会福祉の全体を指しています。

ところが二〇〇六年の「社会保障の在り方に関する懇談会」報告では、まず、従来は公助＝社会保障の枠の中にあった社会保険が共助として位置づけられました。この報告の表現を用いると、「1）自ら働いて自らの生活を支え、自らの健康は自ら維持するという『自助』を基本として、2）これを生活のリスクを相互に分散する『共助』が補完し、3）その上で、自助や共助では対応できない困窮などの状況に対し、所得や生活水準、家庭状況などの受給要件を定めた上で必要な生活保障を行う公的扶助や社会福祉などを『公助』として位置付けることが適切である。その『共助』のシステムとしては、国民の参加意識や権利意識を確保する観点から、負担の見返りとしての受給権を保障する仕組みとして、国民に分かりやすく負担についての合意が得やすい社会保険方式を基本とすべきである」（「今後の社会保障の在り方について」二〇〇六〔平成一八〕年五月、社会保障の在り方に関する懇談会最終報告書〔抄〕参照）となっています。

里見によれば、2)は、社会保障としての社会保険の性格を「保険的性格」だけで説明している点で「特異」になります。後から詳しく述べますが、社会保険は多くの福祉国家の主要な制度手段となっており、確かにそのルーツに民間保険や共済組合などの共助事業があります。しかし、社会保障や福祉国家論をかじったことのある人なら、保険・共済事業がそのまま社会保険となったのではなく、国家が一定の範囲の国民にこれを強制するという社会的性格を付与して、社会保険になったことを知っていますね。それゆえ、社会保険の設計は国によって行われ、また膨大な税金が投入されています。早くから皆保険・皆年金体制をめざした日本では特にそうです。最近では、社会保険の制度間での財源調整も行われており、それは税的な使い方だという指摘もありますし、近年では税と保険料を同時に徴収する国も現れています。共助＝社会保険解釈は、こうした社会保障や福祉国家論の「常識」や「事実」を覆したので、里見は「特異」と述べているわけです。ただし、後から詳しく述べるように、理念としては国家の税も社会保険的だという考えもあり、社会福祉をめぐる「公」と「共」については複雑な議論があります。

では、なぜそのような「特異」な解釈になったのでしょうか。上の報告書では、社会保険料負担（あるいはサービスの一部自己負担）を増やしても、合意が得られそうだからと、素直に白状していますね。つまり、何のことはない、ねらいは社会保険の被保険者の負担増で、これで社会保障を持続させようという単純な理由です。しかし社会保険を共助としてしまうと、地域型共助を位置づけるところがなくなってしまいます。このため二〇一〇年の地域包括ケア研究会報告では、共助と自助の間に互助を入れる「四つの助」に至っています。

次に、生活保護と社会福祉が公助とされ、公助＝「選別的制度」と位置づけられたことも「特異」だと里見は指摘しています。なお、ここでの社会福祉とは、本書のタイトルにある社会福祉全体ではなく、日本の社会福祉法の定める狭義の社会福祉サービスを意味しています。まず公助とされた生活保護のような社会扶助は保険料なしで生活保障をするものですが、この報告では、社会保険の権利性と対比して、だいぶ前の時代の救貧制度のような扱いですね。生存権などはどこにも出てきません。共助で負担を増やすためには、保険料なしの扶助を厳しくしないと、バランスが取れないと考えたのでしょう。

注目したいのは、狭義の社会福祉です。一九八〇年代以降の厚生省の福祉行政の下で、社会福祉は所得制限なしにニードで捉える、という意味での「普遍主義」の流れが定着してきました。また、行政が決定する「措置」から事業者と利用者の「契約へ」という社会福祉基礎構造改革が実施され、今日に至っています。ところがこの「特異」解釈では、この流れを否定することになってしまいます。

里見は、こうした「新解釈」は、年金・医療などを公費負担で行っている外国もあることから、社会保障制度一般には当てはまらず、その意味で国際的には通用しないことも強調しています。また、社会福祉の設計や施行を主に担ってきた厚生労働省は、従来の省の解釈とあまりに違うので、『厚生労働白書』ではこの「特異」解釈の取り扱いに濃淡があるなど、困惑している様子も見てとれると述べています。とはいえ「特異」解釈は政府の各部門、財界などに浸透しており、民主党政権のときでさえ、この解釈の変更が行われなかったと里見は強調しています。

二〇一二年には「社会保障制度改革推進法」という法律の第二条一号に「自助、共助及び公助が最も適切に組み合わされるよう留意しつつ、国民が自立した生活を営むことができるよう、家族相互及び国民相互の助け合いの仕組みを通じてその実現を支援していくこと」と明記されるに至ります。さらに二〇二〇年秋に総理大臣の座についた菅義偉は、その所信表明演説で、めざす社会像を「自助・共助・公助」の言葉で説明したため、あらためてこの言葉の意味が問われました。

こうして「自助・(互助)・共助・公助」という語呂合わせ的なフレーズは、その「特異」な解釈で定着しつつあり、最近は研究者でさえもよく使っています。社会福祉基礎構造改革で高齢者ケアなどを進めてきたはずの地方自治体や医師会、社会福祉団体のホームページにも、「地域包括ケアシステムが効果的に機能するために、四つの助について理解することが大切です」（例：板橋区、二〇二〇年一月二五日）などとして、「特異」解釈がそのまま掲載されているのを見ると、複雑な気持ちにならざるをえません。さらに最近では、「近助《きんじょ》」とか「互近助《ごきんじょ》」という、冗談のような言葉が防災や社会福祉協議会などの「地域づくり」のキーワードになっているようです。語呂合わせもここまでくると、脱帽ものですが……。

もちろん、この枠組みはそのままに、「公助」を強化せよという声もあります。しかし、私はこの語呂合わせ的に作られた枠組み自体が、社会福祉の歴史や事実をまったく無視しており、その負担（財源）の観点から「助」を分類したものにすぎないのに、あたかも社会や社会福祉全体を説明できるとされている点に大きな問題があると考えます。もちろん、後で述べますが、ドイツなどでも補完性の原理として、国が個人の生活や共同のあり方に過度に介入することを警戒する考え方があります。このため、国は自助や共助の補完的役割に徹するべきだと考えるわけですが、これも福祉国家の歴史的実態と矛盾します。しかし、国の介入に対するチェックとして、市民や団体が使う意味はあるかもしれませんが、これを国が率先して使うのはどうでしょうか。

ともあれ、公助か自助か共助なのか、と考える前に、そもそも社会福祉とは何かをイチから考えてみる必要がありそうです。

3 「自助の精神」と「通俗道徳」

二一世紀の社会福祉の持続性のために、強調されたのは「共助＝社会保険」という解釈ですが、もちろん、その前に「基本が自助」なのですね。税金を基礎に成立している国家や地方自治体から「自助」せよと言われるのは、片腹痛しの感がありますが……。では、そもそも「自助」とは何なのでしょうか。

人間はいつも「自助」してきたように思われがちですが、人間は群れを作って共同で暮らしてきた動物です。ですから「自助」は比較的新しい考え方で、近代市民社会への移行がその契機となります。近代以前の時代には、人びとは、「土地」という物的基礎のうえに成立する共同体の一員として、その「土地」から自分たちの生活手段を得て暮らしてきました。その共同体の形態は時代によっても地域によっても多様で、また次第に分業を発達させ、支配・従属の身分制度も生み出されていきます。人びとの生活は、自分の努力ではなく、共同体のルールに従い、与えられた土地と労働領域で勤勉に働くことで成り立っていたといえます。

この共同体と一体的な生活の中から、他の共同体と交換するための財と貨幣が出現し、交易が生まれ、商品を基軸とした経済が少しずつ発達していきます。商品経済は、商品所有者が相互に平等な立場で自由に商品を市場で交換することを前提としますから、次第に、土地や身分に縛りつけられた共同体とは衝突するようになり、やがて、封建社会や絶対主義国家体制の解体につながっていきます。皆さんが歴史の時間に習ったように、たとえば一七八九年のフランスの人権宣言は、「身分から解放された『人一般』がつかみ出され」（樋口 一九九六、八頁）、その人の権利として個人の自由と平等が高らかに謳われました。個人は、自分の意志で、職業選択、居住地、結婚などを決定できることになったわけです。また、人びとを平等な国民とした近代国家が成立し、政治への参加も実現させていきます。もちろん、商品経済は、産業革命を経て、資本主義生産の高度な発展を促していくことになります。

しかし、解放された個人は、資本主義社会の中で生きていくために、これらの権利を駆使しつつ、市場で職を得たり、起業したりしなくてはなりません。特に、土地から切り離されて賃労働者として暮らさなければならない人びとにとって、自由は「二重の意味の自由」でした。自分で何でも決めてよいという自由の反面で、その選択の自由は多様に開かれているわけではなく、誰かに雇用されて働く賃労働しかありません。それが嫌なら死しかないわけで、「生きるも死ぬも自由」という過酷なものだという意味です。

このような個人の生活の指針として、一八五九年にイギリスで出版されたのがサミュエル・スマイルズの『自助論』でした。「天は自ら助くるものを助く」というフレーズで有名なこの本は、日本でも明治三年に中村正直が翻訳（『西国立身伝』）し、また現在でも文庫本やオーディオブック等で普及していますので、知っている方も多いでしょう。この本は、多くの偉人のショートストーリーを集めたものですが、「自ら助ける」という「自助の精神」は、個人が真に成長するための根元となるもので、権利の強化ではなく、一人ひとりの勤勉、忍耐、勇気、礼節など、個人の習慣の改善が大事だと説いています。つまり自由権の前に「自助の精神」を養う必要があることが主張されたのです。

また、松沢裕作は、日本の明治期という変動期の生活不安に対して、庶民は「通俗道徳」で自分を律することで対処していこうとしたと述べています（松沢 二〇一八、七一－七四頁）。ここでの「通俗道徳」とは、安丸良夫によれば、勤勉、倹約、謙虚、孝行などの、伝統的生活態度として事実上存在していたものが、江戸時代後半からの商品経済の浸透を背景に、人びとが自覚的に実践すべき道徳基準、行動原理として広がったものです（安丸 一九九九、一二－一八頁）。つまり、商品経済の下で「二重の意味の自由」に立ち向かう近代社会の民衆としての「自己形成・自己鍛錬」の具体的形態でした。富の獲得も貧困の克服も、この「通俗道徳」を通して理解され、その結果、「さまざまな困難や矛盾は、私の生活態度＝実践倫理に根拠を持っているような幻想が生まれ、その幻想の中で処理されていく」（同上、一三頁）ようなメカニズムが形成されていったと、安丸は指摘しています。

もちろん、日本の近代をリードしていった支配層がこのメカニズムをさらに強化していったことも事実でしょう。急速に普及した学校制度による教育はその一つです。私たちの頃の卒業式で歌われたのは「仰げば尊し」ですが、この中に「身を立て　名をあげ　やよ励めよ」という歌詞があります。「立身出世」のために「励め」ということで、現在は評判が悪いのですが、中村が「自助論」を「立身伝」と訳したように、少し前までの日本では、「身を立て名をあげる」こと、そのための努力は

「通俗道徳」として人びとに広く受け入れられていたのです。

4　もちろん「自助」は簡単ではないのだ――強い個人という無理

では「自助の精神」や「通俗道徳」があれば「自助」が可能かというと、そうはいきません。「自助」は精神や道徳にとどまってはいられません。人びとが暮らすということは、今日の暮らしの確保、明日もそれが続くこと、将来を見据えた結婚や出産が可能にならなければならないからです。また、近代が掲げた個人の自由と平等という「オモテ」看板にも、多くの不十分な側面がありました。

第一は、よく知られているように、「自助」の主体である個人とは、まずは資本家（ブルジョワジー）であり、次に男性労働者にすぎませんでした。それは人権概念の前提にある「人一般」の中に女性、子どもや障害のある人びと、多様な人種を含めていなかったからです。このため、後からも述べるように、社会福祉は、いわゆる生存権だけでなく、これらの漏れた人びとの自由や自己決定の要求への対応を含まざるをえませんでした。

第二に、そうした人間の権利とは、結局のところ「強い個人」の「意思決定」を前提にしていることです。憲法学者の樋口陽一は、人権というと、ヒューマンな感じがするけれども、自己決定する主体がその結果をも自ら引き受けるという「強い個人」の想定は、ヒューマンでない生き方を要求していることになるのでは、と疑問を呈しています（樋口　一九九六、五〇頁）。生身の人間は、そのように強いわけではないし、たとえば生命操作可能な科学の発展を前提にして、これを「強い個人」の自己決定に委ねてよいかという問題もあると指摘しています（同上、五五－六〇頁）。

また、この意思主義については、人間行動は必ずしもすべてが個人の「意思」から発しているわけではない、という見方もあります。たとえば反射という人間の反応は意識を介せずに行われます。意識を介せず、脳が反応するということもあるそうです。実際、私たちは、毎朝意思決定して目を覚まし、歯を磨き、ご飯を食べているわけではなく、習慣に従ってそうしているのが普通でしょう。雇われて働く人びとは、その管理の中で行動しています。さらに、他者に脅迫されて意思決定させられるような場合がありえます。國分功一郎は、人びとの行為を、行為者の意志によって外へ押し出された「能動態（する）」と、その逆の「受動態（される）」に二分するだけでなく、行為者が内部にとどまっている「中動態」の状況にありうることを指摘しています（國分・熊谷 二〇二〇、九六－一〇二頁）。たとえばアルコール依存症の人はやめようと思うのだけれど、つい酒を飲んでしまう。ここでは、行為者の内部に葛藤があり、一貫した意志のようなものが生成されていくには、時間がかかることがあります。

第三に、樋口がいうような「生身の人間」を考えると、人間のすべてが自助できるわけではないという当たり前の事実があります。人間は、未熟な状態で生まれ、一人で立ち、歩き、食べて寝ることができるようになるまで、誰かの世話が必要です。同様に、年をとって衰弱して死に至るまでも誰かの世話になることが普通でしょう。「自助」が想定する自立した個人は、働くことのできる年齢に限られ、またその場合も疾病や障害などによって「自助」はたえず脅かされている、といってもよいでしょう。そこで近代の「個人の自立」というフィクションは、はじめから、家族という最小の共同体を温存し、その支えを予定していたといえます。

ここで注意しておきたいのは、「自立した個人」である稼働年齢期の男性は、商品の生産・販売などの経済活動に参加して所得を得るが、出産、子どもの養育、死の看取り、といった人間生活にとって最も重要な事柄は、女性に委ねられるという男女役割分業がモデルとなっていったことです。この場合、経済活動による所得の獲得が上位にあり、家族の生活は私的な事柄＝「私生活」として背後に隠されることになりました。社会福祉のケアの問題は、この隠された「私生活」では受け止められない問題として、日本では一九六〇年代に保育所問題、七〇年代に高齢者ケア問題として出現することになります。

なお、農村における寄生地主制度など半封建的な仕組みを残したまま、日本資本主義は展開されています。戦前までの「イエ」制度もその一つです。戸主が家族の統率権をもつ地位を与えられ、家族は戸主の同意がなければ、結婚もできず、場合によっては「イエ」のために働きに出されることもありました。その契約の主体は戸主でした。こうなると家族員にとっては「自助の精神」も勤勉や倹約といった道徳も、事実上は意味がないことになります。

第四に、選択の自由は、多様な選択肢が現実にあってはじめて意味をもつわけですが、どの程度の選択肢が目の前に開けているかは、個々人によって違います。第三で述べたような女性の地位には、狭い選択肢しかありませんでした。最近聞く「親ガチャ」などの言葉に示されているように、私たちは親や時代や国を選んで生まれてきたわけではないのです。このため、選択することを拒否する、あるいは選択できない状況になることもあるはずですが、それらは自由な近代の原理への「逸脱」として捉えられていきます。

第五に、どのような経済活動も、気候変動や紛争、疫病などの影響を受けますが、利潤の拡大をめざす資本主義経済は、その内部から、既存の体制をたえず破壊し、新たな需要を作り出す方向を模索しながら進まざるをえません。今日では、イノベーション、イノベーションで、まさに日常的な産業革命が求められていることは皆さんもご存じのとおりでしょう。経済学者のシュムペーターは、「およそ資本主義は、本来経済変動の形態ないし方法であって、けっして静態的ではないのみならず、けっして静態的たりえないもの」（シュムペーター　中山・東畑訳　一九六二、一五〇頁）で、たえざる産業構造の変化、技術革新、合理化等々が、つまりは「創造的破壊」が資本主義経済のエンジンになっているといっています。好況と不況が繰り返される景気循環もこのような資本主義経済の変動の形態の一つといえましょう。

そうすると、資本家も労働者も、単に「自助」がもとめられるのではなく、このようなたえざる変動、たえざる破壊に順応して、利潤を上げ続けること（資本家）や、雇用され続けること（賃労働者）が求められているといえます。特に労働者は、そのような変化を起こす主体ではありませんから、いわば環境変化をいち早く察知し、転職のリスクを厭わず、新たな技術も取得しつつ、対応しなければなりません。単なる勤勉や忍耐で乗り切れるものではなく、再教育や移住なども視野に入れざるをえません。

私は一九九〇年代の後半、「ホームレス」状態の方々への調査をいくつか行いましたが、たとえば中学卒業後炭鉱に就職するつもりでいたが、閉山となり、やむなく都市部で職を転々として、最後は建設日雇で暮らしていたというような経歴の方々の話をよく聞きました。熟練の植字工として活版印刷業界でキャリアを積んだ男性も、オフセット印刷の普及で仕事がなくなったと、ぼやいていました（岩田 二〇一七）。本州四国連絡橋が作られれば、中小の船舶による運送業は消滅していきます。コンピュータは事務作業の多くを不要なものとしていきましたね。「就職氷河期」という言葉を聞いたことがあると思いますが、たまたま不況期に学校を卒業した人びとの就業不安は、その後の人生にも影響していきます。このように変化し続ける資本主義経済の客観的状況をよく見れば、「自助の精神」や「通俗道徳」は幻想の世界であり、実際に自助できる保証にはならないのです。

5 「自立」という社会福祉のゴール（1）

ところで、社会福祉の世界では、「自立」がゴールとして置かれたり、「自立支援」が社会福祉だという見方があります。特に日本の場合、一九九〇年代半ばから、社会福祉施設やサービスの目標として「自立支援」が掲げられることが多くなりました。たとえば二〇〇二年の「ホームレス自立支援法」、二〇〇五年の「障害者自立支援法」（二〇一三年に障害者総合支援法へ）、二〇一三年の「生活困窮者自立支援法」などがあります。また児童福祉法に規定されたいくつかの施設は、たとえば教護院のように「児童自立支援施設」に改称されるものもあり、改称されなくとも、その目的に「独立自活に必要な知識・技能」や「自立と社会活動に参加」という目的が挿入されるようになりました。これらについて、牧園清子は一九九五年の社会保障制度審議会勧告「社会保障体制の再構築——安心して暮らせる二一世紀の社会を目指して」が契機となって、「保護・救済」に代わって「自立支援」が社会保障の理念になったと述べています（牧園 二〇〇九、二二三頁）。なお、老人福祉法には「自立」の文言はないが介護保険にはあること、母子寡婦福祉法にはその創設時から「経済的自立への努力」の文言があり、近年では「職業生活の安定と向上」が追加されたとも述べています（同上、二一六―三二頁）。では、これらの「自立」や「自立支援」は、これまで述べてきた自助とどう関連しているのでしょうか。

日本の社会福祉において、「自立」または「自立支援」という用語は、主に二つの系譜で使われてきました。一つは、社会福祉が「自助」を妨げない、それどころか「自助」を実現する手助けをする、という意味合いです。一九五〇年に改正された生活保護法が、最低生活保障と並んで「自立助長」をその目的としたのが、この系譜の基礎にあります。生活保護制度は、貧困であることを条件に、最低生活保障を行う社会扶助制度ですが、自助の精神を重んじる立場からは「惰民養成」（怠け者を作る）というような非難が伴いがちです。特にこの一九五〇年の新法は、旧法で定めていた「怠惰や素行不良」の人びとは保護の対象とならないという「欠格条項」を廃止したので、それを配慮して「自立助長」という目的が設けられたといわれています。

「自立助長」は、ありていにいえば保護を廃止して「自助」できるように、主に労働市場への復帰を促すものです。今でいうと、就労支援ですね。もちろん親類などの援助があれば、それでもかまいません。しかし生活保護法制定に尽力した小山進次郎は、「自立助長」は「惰民養成」のような調子の低いものではなく、「凡そ人はすべてその中に何等かの自主独立の意味において可能性を包蔵している」ので、この可能性を引き出して社会生活に適応させることが、真の意味での生存権保障だと説明しています。つまり、貧困に対する生活保障では足りなくて、「個人の自助できる力」を伸ばすといっているのですね（小山　一九五一・七五、八四頁）。とはいえ、すでに述べたように、「個人の自助できる力」は経済環境の変動や生身の人間の変動を前提とすれば、自助の精神と同様「幻想」でしかありません。そのうえ、生活保護では現時点でも高等教育への道筋も明確ではなく、再教育の機会も限られています。どう体裁を繕っても、生活保護制度の自立助長は、労働市場への早期の復帰を促すことによって、最低生活保障への批判をかわすものとしかいいようがありません。

生活保護に次いで、「福祉依存」が警戒されてきたのは母子福祉分野です。特に死別より離別による母子世帯が拡大してくると、母子世帯それ自体が「逸脱」的にみなされる傾向が強くなったためではないかと推測できます。これだけ子どもの貧困や女性の貧困がクローズアップされ、まさにその典型ともいえる母子世帯への生活保障がためらわれるのは、日本の社会福祉の最大の謎かもしれません。

さらに一九九〇年代後半からの社会福祉の自立支援ブームにおける「自立」も、この自立助長の延長線上にあります。特に市場の復権を唱える新自由主義による福祉見直しの世界的展開の中で、ウェルフェアからワークフェアへの流れは、就労の実現こそ福祉だというような錯覚を大きくしていったといえます。この中で、生活保護の「自立助長」も、従来のような形式的なハローワークとの連携から、実質的な連携のあり方が模索されました。また生活困窮者自立支援法のような新たな対策では、支援の個別的「計画化」が目論まれました。それらがどれほどの効果をもったかの明確な検証はありませんが、社会福祉の支援のゴールに就労が位置づき、社会福祉専門職もそれを疑問に思わない体制が作られていったことになります。これについては、また後で詳しく議論したいと思います。

6 「自立」という社会福祉のゴール（2）

社会福祉における「自立」のもう一つの系譜は、重度の身体障害者たちの「自立生活」運動の中で模索されてきた、いわば「下からの自立の要求」です。上で述べた一九九〇年代後半の社会福祉における自立ブームも、さすがに重度の障害者には適用されませんでした。彼らは市場で商品化が難しい存在だと認識されてきたからでしょう。しかも彼らは、この自立支援ブームよりもっと前から、自立助長の系譜の労働市場への参加ではなく、自分の生活の主体は自分であることを社会へ訴えてきたのです。「自立生活運動」として知られている障害者運動がそれです。

「自立生活運動」は、社会福祉が彼らの生活保障を、施設や病院、家族の中で、他者に統制された形で供与してきたことへの障害者自身による反発でした。この運動はアメリカ・カリフォルニア大学バークレー校を発端とした活動が有名ですが、そこでは、たとえ人の手を借りたとしても、「自分で決定して自分の生活を行っていく」ことが自立だ、という考えが強調されました。日本でも「青い芝の会」などの先駆的運動があり、やがて各地に自立生活センターが設立されていきますが、ここでも自立は障害者自身の生活の「自己決定」であり、この自己決定を支える他者の支援や社会環境整備が訴えられていきます。「こんな夜更けにバナナかよ」という映画や本（渡辺 二〇一三）をご覧になった方は、ヘルパーを自分で調達・組織し、教育しつつ、在宅での生活を可能にしていった重度障害者の奮闘に目を見張ったのではないでしょうか。そのほかにも地域での「自立生活」を選択した重度障害者について、さまざまな記録があり、「自己決定」の取り戻しに、いわば命をかけた人びとの軌跡を辿ることができます。

「自己決定」を主軸としたこの系譜は、先に述べた近代の個人の自立と自由の権利が基礎にあり、現実にはこの自由権から排除されてきた重度の障害者の保障要求と見ることができます。「弱い人間」とみなされて保護されてきた重度の障害者たちが、自分たちにも「意思」があることを示して、自らの生活の自由権を取り戻そうとしたといえましょう。皆さんご承知のように、近代社会の基本的人権として、自由権や参政権に加えて、生存権や労働基本権などの社会権が拡張されていきました。しかし、障害者にとっては自由権なしの生存権保障にすぎないことを暴露していったわけですね。

このように、「下から」の系譜の「自立」も近代の個人の自由権にその根っこがありますが、同時にこの障害者運動によって捉え直された「自立」は、労働市場参加ではなく日常「生活」における多様な自由権の意味を明らかにしていった点で、就労に軸足を置いた自助論とは異なった地平を切り開いて、社会福祉のあり方にも大きな影響を与えました。つまり、同じ「自立」という言葉ですが、ここでは障害者の生活から「批判的に捉え返された自立」概念が生まれ始めていた、とも考えられるわけです。同様の系譜として女性や子どもの「自己決定」要求があります。もちろん、先に述べたように「自己決定」は「強い個人」の意思主義を前提にしているので、どこまで「自己決定」を拡張していけるかは大きな問題です。ただし、自立生活運動の場合は、仲間同士の助け合いが不可欠とされ、たとえば自立生活のためのノウハウの伝達などが重視されたこと（安積ほか 一九九五、一四五－六四頁）は、個人主義を乗り越えて、連帯の中に自立を模索していく契機を内包した「批判的自立」の主張と見ることができるかもしれません。

なお、この「日常生活の自立」に関連して、日常生活を営むのに必要なサービスを利用するための情報の入手、理解、判断、意思表示を本人のみでは適切に行うことが困難な人びとへの「日常生活自立支援事業」（二〇〇七年）についても触れておきましょう。これは「自立生活運動」よりも消費者保護の色彩が強いもので、社会福祉協議会の地域福祉権利擁護事業（一九九九年）をわかりやすく改称したものです。具体的には、社会福祉サービスの利用や日常生活上の消費契約、日常的金銭管理、行政手続きなどに際して、生活支援員が有料で支援するものです。この背景として、先にも述べたワークフェアと並んで、新自由主義が導入した社会福祉供給の「市場」的な運営があります。日本では介護保険や社会福祉基礎構造改革の際に、盛んにいわれた「措置から契約へ」のキャンペーンがありました。つまり社会福祉サービスは行政によって「措置」されるものではなく、対等な利用者（または消費者）としての契約に基づくものだということが主張されたわけです。しかし、社会福祉の世界は、対等な契約での利用が難しい人びとを無視できませんから、消費者保護が出てきたといえます。ここでは、「自立生活」のような「自己決定」ではなく、それを支える社会権として「自立支援」が持ち出されたことになりますね。

さらに生活困窮者自立支援制度の「家計改善支援事業」は任意事業として位置づけられていますが、これも日常生活における家計管理に主軸を置いた支援で、家計収支だけでなく、公共料金滞納も含めた債務の把握やその整理も含めた支援をめざしています。家計支援は、生活保護のような所得保障の効果をあげるために、古くから行われてきたものですが、これも日常生活における「自主独立」の「上からの」支援といえるかもしれません。

このように、社会福祉の「自立支援」は、自助と同じく、個人の自由権＝個人の解放から発想されており、やはり労働市場への参加が中心にあります。社会福祉的なのは、そのような自由権の保障のために「支援」が必要なこと＝支援付きの自立、または労働参加がなくとも日常生活や社会参加において「意思決定していくこと」の重要性などを訴えたことでしょうか。社会福祉は実は驚くほど自立の定義や分類が好きな世界で、何やら「自立」の呪縛から逃れられないようにも見えます。それは、社会福祉が、自助の精神同様、現実の自由主義社会、資本主義社会を基礎にしているからであって、理想主義やユートピアの世界にあるわけではないからでしょう。しかし、同時に重度障害者の生活から生み出された「批判された」自立概念が芽生えていったことに注目しておきたいと思います。これはのちに述べる「参加型」の社会福祉政策を考えるうえで、大事な点だからです。

第 2 章

社会福祉と国家

1　「共助・公助」と社会福祉

では「共助と公助」が社会福祉なのでしょうか。すでに述べてきたように、共助＝社会保険で、公助＝生活保護や社会福祉（狭義の）という定義を政府がしてしまったので、そうだということになるのかもしれません。しかし、里見が指摘しているように、社会扶助とセットで社会保障として理解されてきた社会保険を「共助」に括り直したのは、社会保険の技術的ルーツとしての民間保険や労働者などの共済事業にだけ焦点を当てたからにほかなりません。つまり、あらかじめお金を出し合って基金を作り、保険事故が生じたら、その基金から給付されるという、保険や共済の技術的仕組みです。同様に、社会福祉や扶助を「公助」とするのは、単にその財政基礎が税金にあるからだ、といいたいわけです。言い換えると、自助＝自分の財布、共助＝お金を出し合った仲間うちの財布、公助＝国家の財布というわけですね。

確かに、これはわかりやすいですが、ここには大きな問題があります。まず、社会保険は保険技術だけで成立しているのではなく、それを国家が「社会」保険として括り直して存在しているということです。里見のいう「社会的性格」です。私たちが加入している社会保険は、強制保険です。強制しているのは国家で、国家がその運営に責任をもっています。ここでは、民間保険のように、たとえばがんの手術をしたことのある人は保険料を高くするといった、個々人のリスクレベルと保険料の対応が存在しません。二〇歳以上の国民全体、あるいは一定の事業所、産業の従業員全体、という括りで「強制加入」させてしまうのです。それゆえ、国家は保険料や保険給付への上乗せ、保険運営費への支出などを通して、社会保険を破綻させないように留意しなくてはなりません。特に日本では、自営業層、非正規労働者層、退職した高齢層まで社会保険にカバーする、「皆保険・皆年金」という仕組みを一九六〇年前後に作り、その存続が今日の大きな課題になっています。

社会保険を共助として仕切り直したのは、保険給付は、保険料を支払うことへの対価だといいたかったわけでしょうが、社会保険制度では、保険料と給付は直接対応していません。皆さんもご存じの国民年金の第三号被保険者への給付は、当該本人の保険料支払いを必要としていませんし、最近、国民健康保険から分離された高齢者医療保険制度は、国民健康保険や他の健康保険組合からの「支援金」が大きな財源となっています。さらに最近の子ども対策の支援金は、この高齢者医療保険制度も含めた保険料へ載せて徴収しようとしています。税と保険料は、日本では国保・国年のように最初から、混合されて社会保障財源を形作ってきたのです。

同様に、「公助」もルーツを辿れば近代社会が成立するプロセスで生じた大量の「貧民」への国家や地方の「救貧事業」にありますが、これもそのまま存続しているのではありません。「救貧事業」とは別に、社会保険の限界をカバーする社会扶助を、社会保険とセットで早くから考案した国もあり、また第二次世界大戦以降は、多くの国で伝統的な「救貧事業」は廃止または改良され、社会保険との組み合わせによる社会保障として、あるいは社会福祉サービスとして再出発しています。

厚生経済学者の塩野谷祐一は、社会保険がリスクの分散で、租税が再分配というような通俗的な解釈、つまり「共助」「公助」の区別を避けて、原理的にいえば「社会保障のための租税も保険料も、ともに社会契約としての保険への掛け金を意味する」と喝破しました（塩野谷 二〇〇二、三六一－七〇頁）。すなわち社会保障制度の原理的位置は、社会契約論に立つ正義原理にあり、それは「社会連帯による集団的リスク回避を本質とするという意味で、保険原理と類同である」（同上、三六九頁）という解釈になります。この解釈では、広く「共助」なわけですね。ちなみに、租税も社会契約論に立つという意味は、公助が「お上のお情け」でなされているわけではなく、税金の使い方も国民の民主的な運営によることを前提としているという意味です。もちろん、主権在民が政治にどの程度反映されるかは、民主主義の成熟度に関わるでしょうし、どのような民主主義国家であっても、国家は警察や軍隊などを含んだ権力装置であることはもちろんなのですが。ともあれ、塩野谷に従えば、リスクの分散と所得の再分配は同じことであって、「租税によるにせよ、社会保険によるにせよ、人びとは能力に応じて費用を分担し、このプールされた財源から、発生したリスクに応じて給付を受け取る。社会保障における負担と給付の関係はリスクの分散であると同時にリスクの生じない人びとからリスクが生じた人びとへの所得の移転である」（同上、三六五頁）ということになります。

塩野谷は、国はさまざまな租税財源からの支出を行っていますが、社会保障支出に関してのみ税による支出＝公助が偏見にさらされているのは――たとえば生活保護へのスティグマなど――なぜだろうかと問うています。つまり公費もまた国民がプールしたものでしかないのに、「公費があたかも国民の負担ではないかのように」、つまり「お上によって給付されているように」考えられているからです。ここからいうと、自助の強調を批判して、もっと公助を、というのも、おかしなことだということになります。

2 福祉国家

このように、社会福祉プログラムは、それが保険技術に依拠しようと、租税から支払われようと、「国家の仕事」の一部として積極的に再編され、社会福祉が「国家統治」の一つのモード（態様）として定着していきます。これらの統治モードはヨーロッパでは一九世紀末から二〇世紀の前半に準備され、第二次世界大戦後に多くの先進国で実施に移されました。「福祉国家」といわれるものがそれです。「福祉国家」という名称から、すべて国家が直接行う社会福祉というように誤解されがちですが、そのような福祉国家は存在していません。多くのプログラムが法制化され、公的責任の下で実施されていることは事実ですが、民間団体やボランティア、近年では民間企業がサービス供給を担うことも少なくありません。デイヴィッド・ガーランドが先頃著した『福祉国家』（小田訳 二〇二一）によれば、「福祉国家」という名称は適切なものではなく、イギリスの戦後福祉国家の生みの親ともいわれる、ベヴァリッジも反対していたそうです。「負担に喘ぐ国家にたかる不正受給者」というようなイメージが喚起されがちだからだと述べています（同上、一四－一五頁）。

ガーランドは、福祉国家より社会国家や福祉資本主義のほうが名称としてマシだといっています。イギリスやドイツ式の社会政策（ソーシャル・ポリシー）として広く制度プログラムを考えたほうが、社会福祉の「国家統治」のスタイルを見渡しやすいと考えたからかもしれません。日本では、社会政策という用語は社会福祉より使われていませんが、実は社会福祉より前からあった言葉で、社会政策学会はその第一回大会を一九〇七年（明治四〇年）という早い時期に開催しています。その第一回のテーマは「工場法」でした。「工場法」は現在の労働基準法にあたるもので、一九一一年に制定されています。労働時間や児童労働の規制、賃金問題など、労働問題への対応を主としたものでした。

後から述べますが、社会福祉というと、このような資本主義経済のど真ん中にあるフィールドではなく、高齢者、障害者、児童など、そこから漏れた、いわゆる「弱者」が連想されやすいのですが（特に日本では）、福祉国家は、むしろ資本主義のど真ん中への、労働者保護、雇用の創出、経済や金融政策、税制などの国家の介入として発展し、社会保険や社会サービス、社会扶助などの多様な技術制度を組み合わせた「福祉複合体（コンプレックス）」と呼ぶべき国家統治のモード（態様）であるところに、大きな特徴があると、ガーランドは強調しています。この福祉国家の諸制度は「資本主義の経済プロセスのうえにかぶさるように置かれて」（同上、二〇－二一頁、傍点は筆者）いると、ガーランドはうまく表現しています。そうすると「自助が基本」であっても、その「自助のプロセスにかぶさるように共助・公助が存在している」ために「自助」が成り立っていると理解できますね。

このように考えると、問題の核心は、「自助・共助・公助」の組み合わせというようなものではないことに気がつきます。社会福祉を考えることは、なぜそれが「福祉複合体」と呼ばれるようなものとして形成され、なぜ「国家」の「統治」モードにまでなったのかということを明らかにすることだということになります。そこで次に、「福祉国家」という「統治」モードとは何か、具体的な制度技術の組み合わせについて検討してみたいと思います。

3 「福祉国家」という国家の統治モードの特徴

一般に国家は、一定の領土とそこに暮らす人びとを統治していく団体を意味しますが、個人の自由と市場のルールを全面に出した近代社会も、国家を廃棄したわけではありません。理念的には、「夜警国家」のように、外敵の防衛、国内の治安維持など、最小限の小さな政府が理想のようにいわれることがありますが、そのような国家が実在したことはありません（ハーバーマス 細谷・山田訳 一九七三、二〇〇頁）。

近代国家の権力は人びと、つまり「国民」にあり、その意志と利益に奉仕すること、および公選挙による政治家の選出に、その「正統性」を求めている点にあります。つまり、権力は神や王様にあるのではなく、国民にあり、その自由を国家が侵さないように国家自体もルールによって縛られる法の支配を基礎とする、ということですね。近代国家が「国民国家」といわれる所以です。

その国家の権力は、軍事・警察、税による資源の徴収を基礎に、国民・住民の登録と管理、通貨、度量衡、言語の統一、公教育、運輸・通信、国土の開発・管理等広範囲に及び、私的領域にある資本主義生産と個人の「生」のどちらの活動にも、重要な共通基盤を提供することになりました。そのうえ、いくつかの先進国は、軍事侵略によって、途上国を植民地化しながら、国土を拡張していきましたから、小さな政府どころではありません。

特に、第一次、第二次の世界大戦は、国家の総力を戦争目的に集中し、国民生活を統制して戦った総力戦といわれており、こうなると個人の自由などは、どこかに吹っ飛んでいったことになりますね。「福祉国家」は、この二つの世界大戦を経た後、多くの先進諸国で本格化した国民国家の統治の一形態です。先に「福祉国家」といういい方には異論があったと述べましたが、戦争、特に全体主義との戦いの対極に「福祉」が置かれたということができるかもしれません。また、戦争によって一時的に階級対立などが緩和されたことの経験から、今度は社会福祉によって国民統合をしようという思惑もあったといわれています。

現在では「福祉国家」というと批判ばかりがでてきますが、こうした歴史的背景があり、またどう批判しようと、福祉国家は今日の「先進国に例外なく存在するものであり、資本主義社会を社会的にも経済的にも持続可能なものにするうえで、なくてはならない手段として稼働している」という「事実」から出発すべきだ、と先のガーランドは冷静に指摘しています。これはハロルド・ウィレンスキーらが、一九六〇年代終わりから七〇年代にかけて、社会保障などの公共支出についての国際比較分析の結果、経済水準が福祉国家をもたらす根本原因であり、「各国は豊かになればなるほど、社会保障の適用範囲をより多くの領域とより多くの人々に広げていく傾向を持っている」（ウィレンスキー下村訳 一九八四、五六頁）と述べたことを彷彿とさせます。福祉国家「収斂理論」として有名ですね。

もちろん、福祉国家は国ごとに異なっており、時代によっても変化しています。この多様性に着目して、福祉国家の類型論が盛んになった時期がありました。エスピン＝アンデルセンの、有名な『福祉資本主義の三つの世界』（エスピン＝アンデルセン 岡沢・宮本監訳 二〇〇一）は、自由主義的、社会民主主義的、保守主義（コーポラティズム型）的の三つの福祉レジームを類型化して、比較福祉国家論をおおいに流行させたことは、よく知られていると思います。この類型論によって、収斂理論はどこかに吹っ飛んでしまいました。

ガーランドの近著『福祉国家』は、いささか流行りすぎたこの福祉国家類型論を超えて、その基礎にある「福祉国家一般」の特徴に、あらためて着目しようとした点で画期的なものです。それは新自由主義やグローバリゼーションなどによる福祉国家への批判が強まり、あたかも福祉国家を廃棄しても資本主義社会は成り立つ、あるいは福祉国家は市場を邪魔している、というような幻想が撒き散らかされたからでしょう。しかし、ウィレンスキーのいうような経済水準と福祉国家形成の関係というよりは、ガーランドは、福祉国家一般の共通基盤は、近代国家が「統治権力を行使するさいの特定の態様（モード）」（ガーランド 小田訳 二〇二一、一六頁、傍点は引用者）にあると喝破しています。

統治の特定の「態様（モード）」とはわかりにくい表現ですが、福祉国家には、「構想、制度、それらを実践する技術の三つからなる特定の組み合わせ」としての独特な統治モードがあり、特に人口と経済全体へ影響を与えるようなアプローチで、「失業、無保障、不確実性」などの「社会問題」に取り組んできたことに注目します。たとえば失業は、個々人の労働意欲の問題ではなく、ケインズ経済学のいうような有効需要を創出することで乗り越えられる国の財政政策として取り組むことができるとか、あらかじめ全人口を社会保険に強制加入させることで、世帯所得の維持が可能になる、などのマクロな統治のやり方ですね。

ここで重要なのは、このマクロな統治を支えているのは、人びとの生活上のリスクやニードの平均化、あるいは確率や推計などによるその出現率の予測などの技術にあるという点です。皆さんも、福祉国家が「標準労働者家族」の平均的なライフコースをモデルとして、そこに降りかかるだろう平均リスクをできるだけ小さくする方向で設計されてきた、ということを聞いたことがあるかもしれません。フェミニズムからは「男性稼ぎ主モデル」として批判にさらされたものでもあります。社会福祉では、個々のニーズ、特定の地域での援助活動などが注目されますが、福祉国家は「かつては地域や民間で断片的に行われていた統治行為の『国家化』、体系化《システム》であり、かつてはボランティアやアマチュアに委ねられていた介入の専門化、日常業務化であった」（同上、八四頁）とガーランドは指摘しています。

さらにガーランドは「資本主義経済が、競争的生産と市場交換によって私的利益を生み出すダイナミックな機構マシーンだとすれば、福祉国家とは、それが出来上がった後に付け足されたギア、ブレーキ、分配装置のセットであり、その設計精神にあるのは、資本主義という超巨大トラックを、社会的にまだ許容できそうなコースから外れないように操縦していくことである」とも述べています。これはわかりやすい喩えですね。個人主義にのっとった資本主義経済への、共同体としての、あるいは集合主義的な修正といってもよいかもしれません。

なお、個々の社会福祉制度の歴史を見ると、資本主義の成長は、社会福祉制度と一体となって進められたといったほうがよいかもしれません。「後づけのギアやブレーキ」というよりは、ブレーキをかけつつアクセルを踏むという感じでしょうか。たとえば、社会扶助のルーツである救貧制度は、資本主義が旧制度を掘り崩していく過程で出現した浮浪する貧民への救済を行い、併せて貧民層が資本制工場の労働者として陶冶されるように仕向けていく役割を果たしてきました。

もっとも、そうだからといって、福祉国家が資本主義の社会的操縦をうまくやっているとか、資本主義と軋轢が起きないというわけではありません。本書でこれから述べていくように、社会福祉はそれ自体矛盾を含み出し、社会福祉が不平等を生じさせることも少なくありません。年金などは、経済市場での「勝ち組」ほど多くなるような設計になることが少なくありません。よく知られているように、福祉国家による利益は中間層がより多く享受しており、それゆえ福祉国家の支持が強かったといわれています。すぐ前で述べたフェミニズムの批判は、女性への福祉の分け前が、妻という地位にだけ由来しているという点です。また「正規労働者家族」の標準的ライフコースへのこだわりは、非正規労働者の拡大や失業リスクの高まりに対しては無力なものでした。現在直面しているのがこの問題です。

それは、福祉国家プログラムが、総じて、根本治療的ではなく、対処療法的であるという限界があるからだと、ガーランドはいっています。残念なことに、「福祉国家プログラムは完全な成功に至らない運命になっている、設計からしてそうなっているのだ。市場は失敗し、家庭は機能不全に陥るものだが、福祉国家はそうした災難の治療を目的としない。市場を廃止したり、家族を何か別のものに置き換えたりすることは、福祉国家のプログラムの目指すところではない」（同上、一二〇頁）のです。マルクス主義の影響が強かった日本の社会科学においては、このような社会福祉の「対処療法的」性格について批判されてきましたが、「事実」としてそうだということなのです。

そのうえ、民主主義的な体制をもつ福祉国家の多くは、国家による強制を好まない国民や企業が、福祉国家の規制をかいくぐることも、しばしば起きます。「国民皆保険・皆年金」でありながら、わざと保険料を支払わない個人や事業所が少なからず存在するため、政府は頭を悩ませることになります。また不正受給問題も生じるので、福祉国家の評判はさらに悪くなるという悪循環があります。しかし、これらは、全体主義ではない政治体制の中で、集合主義的な操縦を行うときには、ある程度仕方がないと考えるべきなのかもしれません。

とはいえ、資本主義は、自分の作り出す自己破壊的な問題を、たえず調整し、緩和しようとする福祉国家の統治によって守られている、ということは確かです（同上、一九八頁）。だから、「福祉国家はわたしたちが好きなように採用したり拒絶したりしてよい政策オプションではない。いまや時代遅れになりつつある戦後史の一段階でもない。そうではなく、福祉国家は近代的統治の根本的な一面であり、資本主義の経済のはたらきや社会の健康に絶対に欠かせない」(同上、一九三頁)「事実」としてあることをガーランドは強調するわけです。つまり、社会福祉は、この「事実」から議論されるべきだということになります。

4　福祉国家複合体――社会福祉の事業集合とその「トポス(場所)」

ところで、ガーランドのいう福祉国家複合体は、次の五つの制度セクターから把握されています。

①社会保険。福祉国家の最も中心的な制度で、個人のリスクとは無関係に多くの人口を強制加入させ、所得維持やサービスの給付を行う。

②社会扶助。無拠出型の所得保障。

③公的資金によるソーシャルサービス。教育、ヘルスケア、子どものケア、公共交通機関、公園、図書館、美術館や博物館、低廉な住宅など「脱商品化した解決策」。

④ソーシャルワークとパーソナル・ソーシャルサービス。何かしらの機能不全に陥っている個人や家族に対する応答、よりよい労働習慣、家庭への侵略、最近では迷路のような制度利用のガイド、あるいは代弁者。

⑤経済のガバナンス(経済の統治)。産業の国有化、経済計画、財政政策、金融政策、消費者政策、労働市場政策、物価所得政策、産業政策、職業訓練プログラム、最低賃金制度など、福祉国家に

よる雇用創出、住宅ローン税控除・企業福利への政府の補助金など税法に埋もれているもの。

これらの五つについては、必ずしもその分類枠が明確ではないので、かなり異論があるかもしれません。たとえば、ガーランドの強調点は⑤にあり、資本主義の経済プロセスの直接的コントロールの諸制度が含まれます。ただし、ここでの⑤の内容の列挙は、かなり雑多な感じですね。労働市場の規制、雇用創出と職業訓練、労働者保護のグループが中心にあり（先に述べた社会政策）、財政政策と税制度による再分配、産業政策、経済政策などがこれを取り囲むような構図でしょうか。

①、②、④はよく知られているものですが、③の公共交通機関、公園、図書館、美術館などは、一般公的サービス（パブリック・サービス）として、国家が社会の「共同事務」として引き受けてきたものであって、社会福祉サービスとはいわないという考えもありえます。これについては、イギリスの社会政策学者・リチャード・ティトマスの有名な議論があります（ティトマス 三友監訳 一九八一）。ティトマスは、「各個人の利益のためのサービス（たとえばホームヘルパーのサービス）」と「個人とコミュニティ双方に利益となるサービス」（伝染病患者の医療ケア）、「コミュニティには有益だが、個人に有益とはみなされないサービス」（保護観察サービス）、「コミュニティには有益だが、その利益が各個人に帰するかどうかはわからないサービス」（公園など）の四つを区分して、基準は特定個人に関わったサービスか、無差別な人間へのサービスかにあるとしました。これでいくと、「脱商品化」であっても、無差別な個人への「共同事務」と、何らかの特定個人のニードのための社会サービスを同一視できるかどうかは、微妙なところでしょう。

また、時代によってその仕切りは変化するかもしれません。たとえば、保育所は、親の就労によってケアが不足する子どもを対象としたサービスとして出発しますが、女性の就労や就学前の教育が当たり前になっていくと、保育所と教育サービス一般の区別はつきにくくなりますね。私が子育てをしていた頃は、保育所を利用すると「子どもがかわいそう」とよくいわれました。今はそんなことをいわれる人はほとんどいなくなったでしょう。

なお、④は、狭義の社会福祉では中心に据えられるもので、日本でも「平均・集合的な社会保障」に対して、「個別福祉」とか「対人福祉サービス」として、あるいは社会福祉の「小売的方法」として意義づけられてきたセクターです。先のティトマスが述べたように、特定個人の福祉ニードを強調するので、社会福祉として理解しやすいということもあるかもしれません。しかし、すぐ後で詳しく見るように、個別的、対人的、という場合も、ある程度平均化できるものと、そうできないものがあるようです。後者は、たとえば、多様な障害の状況や、難病などへの対応がその代表例として挙げられます。これは③と④との区別とも関わって、「普通枠」の福祉対応と「特殊枠」の福祉対応に枝分かれしていったのではないか、というのが筆者の考えです。社会福祉を深く考えるためには、この五つのセクターのような分類にとどまらないで、それをさらに深掘りする必要がありそうですね。

いずれにせよ、福祉国家の具体的な事業は、いくつかの異なった「集合」体を作りますが、それは、それらの技術的手法や対象の違いによって固定されたものではなく、たえずその集合の内容を変えていくようなものとして存在していると考えたほうが現実的です。また、特にそれらの事業集合は、社会空間において同じ「トポス（場所）」にあるのではなく、実は異なったトポスに置かれているという見方が大事だと思います。②は①を補完する位置にあるというのが、社会保障の教科書的理解ですが、実際その補完関係が直接的な国もあれば、日本のように生活保護が①とはかなり距離をもった「場所」に据え置かれている国もあります。上で述べた「普通枠」「特別枠」などはそうした考えを反映させたものです。私は戦後日本のこの社会福祉事業集合の「トポス（場所）」について、「社会福祉のトポス」（岩田 二〇一六）としてまとめたことがありますが、本書でも、第五章でこれについて触れたいと思います。

5　資本主義経済とその背後にあるもの

もちろん、福祉国家複合体の内容については、もっといろいろな考え方がありえるでしょう。特に、ガーランドの議論は「資本主義経済」を中心において、その暴走による危機をコントロールするところに社会福祉を位置づけるわけですが、これへは反論がありえます。たとえば、ナンシー・フレイザー（フレイザー 竹田訳 二〇一五）は「資本主義とその危機」を、経済システムだけでなく、それを支える別のシステムも含めて理解するべきだと述べています。別のシステムとは、第一に、人間自体を生産し、また維持していく家族内部のケアや愛情などのシステムで、すでに述べたようにこの部分は女性の無償労働によって支えられてきました。ここには生活慣習や文化などの継承も含まれます。

もう一つは資本主義生産がそれに、いわば「ただのり」してきた自然の体系。最後が法の枠組みや政治を司る国民国家の体系で、貨幣のコントロールをはじめ、資本主義経済を作ってきたものといえます。ガーランドは、この国民国家の仕事の多くを福祉国家の中に入れてしまっていますが、福祉国家より先に、国家が資本主義経済の基礎を作ったことは、先に見たとおりです。

フレイザーのこのような資本主義理解に立つと、資本主義の暴走や危機は、資本主義経済だけでなく、これと不可分の関係にある家族内部の危機や自然条件の危機、さらには政治体系の問題をも含んでいることになります。ガーランドの福祉複合体のうち、①②③④は、所得の維持、公共サービス、パーソナル・サービス、ソーシャル・サービスなどを介して、生活のプロセスの危機に対応しようとするものだといえます。特に④は、フレイザーのいう人間の再生産や生活慣習の継承といった生活システムの危機に、国家が直接介入して、これを破綻させまいとするものと考えられます。

福祉国家の成立史を振り返ると、資本主義経済の中核にあった「工場の中の問題」＝長時間労働、児童労働、工場衛生などへの規制（工場法のような）に加えて、「工場の外の問題」＝貧困者の救済、スラムなどの住環境の整備、施療、学校教育の普及、保育所、物価・消費者問題などへの対応があり、さらに友愛訪問やソーシャルワークのような個別化された社会技術の発展が見られました。フレイザーのいう資本主義経済を背後で支えているシステムも安定しているものではなく、経済のプロセスとの関係の中で、多くの問題を含んで存在しているわけですね。

6　福祉国家の変容

福祉国家は、それがコントロールしようとする資本主義それ自体の変化に伴って、変容を迫られていきます。先のガーランドは、一九四五年以降、三〇年近く拡張し続けた福祉国家 ver.1 から、ver.2、ver.3 のように福祉国家の再構造化が行われてきたと指摘しています。

ガーランドの整理では、ver.2 が一九七〇年代半ばからの景気後退と国際的金融管理の仕組み（ブレトン・ウッズ体制・固定相場制）の崩壊などが引き金となって、インフレ、失業率の上昇の悪循環の中で、福祉国家が財政危機のプレッシャーにさらされた時期です。既存の福祉国家は、新自由主義や家族的価値観から猛攻撃を受け、新自由主義的な統治モードへの切り替えが模索されていきます。予算カット、権利性の否定、有名な「福祉から就労へ（welfare to work）」による、求職活動と引き換えの所得保障、目標設定と成果指標などの市場セクターの技術の取り入れが盛んに行われ、社会サービスの多くが民営化されていきました。ただし、中間層も享受する福祉国家プログラムの「中核をなす制度の大半が生き延び」ているとガーランドは述べています。そこまで手を伸ばすことには、既得権への侵害として抵抗されたからでしょう。他方で新自由主義が攻撃したのは「困窮層」への福祉であり、皮肉なことに福祉国家の変容プロセスにおいて、大きな格差が生じてしまったわけです。

ver.3 は、ポスト工業社会（脱工業社会）とグローバリゼーション、それらに伴う労働市場の変化、ジェンダーと家族の変容，少子高齢化，移民の増大など「新たなリスク」に福祉国家をフィットさせるフェーズです。これらは ver.2 の新自由主義による攻撃の基礎にあった変化ですから，時期的にはオーバーラップしているわけですが，ver.2 における新自由主義的変容では解決していない社会リスクがさらに拡大しており，これへのさらに深い対応が必要になっている，という見方です。すぐ上で述べたような，新たな困窮層の置き去りもその一つですね。

ver.3 の統治モードのメインストリームは「社会投資」「個別化」「ジェンダーへの配慮」「年金やヘルスケアの支払い能力の維持」で，これが現在の課題となっているとガーランドは述べています。「社会投資」とは，最低所得保障のような「消極策」ではなく，雇用の流動性を高め，継続教育や職業訓練，再訓練など「人的資本」に投資するような「積極策」を指します。本書が後から述べる「ニッポン一億総活躍プラン」のようなアクティベーションがそれですね。また個別化とは，個々人に合わせた福祉が必要だという考えで，これも後で述べる，新たな困難層の「自立支援」のパーソナル・サポートのようなあり方を示しています。

これらは現在進行形の福祉国家の再構築の課題と手法なので，多くの議論があります。根本的には，組織された労働者とその家族の定型的な保障としてその基礎が形成され，それゆえ新自由主義からの攻撃にも持ち堪えた部分だけでは，変容する新たな資本主義とその結果への対応ができないということでしょう。しかし就業訓練や個別化などによって，拡大する不安定な労働者やひとり親世帯の貧困や社会的排除は解決できるでしょうか。

日本の場合は、少子高齢化を背景に、年金や医療保険の「持続性」をどう確保するかが中心課題であり続けており、したがって「自助・共助・公助」のようなスローガンによる負担の組み替えが喧伝されてきたといえますね。これに対して、未組織の非正規労働者の拡大や家族の縮小への効果的な戦略はなかなか見出されていません。もちろん、職業訓練や再教育などの重要性、パーソナル・サポートなどによる個別化は日本でも取り入れられてきていますし、最近では首相の所信表明の中に「リスキリング」などという言葉が出てきていますが、その実効性については、きちんと検証されているとはいい難い状況です。

7　人口問題、地球環境、そして戦争——woke capitalism?

ガーランドは福祉国家 ver.3 の課題の一つとして、少子高齢化を挙げていますが、もちろん人口は領土とともに国家の基本要素ですから、福祉国家でなくとも無関心ではいられません。つまり福祉国家の課題というより、国家や資本主義経済を規定する大きな問題といえます。人口学の教えるところによれば、少子高齢化は、近代化のもたらす普遍的な動態であり、多産多死から多産少死へ、さらに少産少死という「人口転換」が観察されてきました。つまり福祉国家以前より「人口転換」は進んでおり、したがって少子高齢化は社会福祉を掲げた国家にとっても、その当初から課題であったのですね。特に第一次・第二次世界大戦による人口減に直面して、フランスやスウェーデンでは出産奨励策を福祉国家設計に組み込んできました。他方で、福祉国家以前のヨーロッパでは、食料生産は等差数列的にしか増大しないのに人口は放っておけば等比数列的に増加する、というマルサスの人口論の影響も強かったので、どこの国でも手放しで出産奨励策に向かったわけではありません。

少子化対策としては、出産奨励策のほか、移民・難民の積極的受け入れなどもあります。もちろん、旧植民地の人びとをどのように位置づけていくかは、かつて帝国主義支配を進めてきた多くの福祉国家にとって、その出発時点からこれまた重要な問題でした。この点については、福祉国家のシティズンシップとの関係で、後で議論します。現時点でいえば、移民受け入れの必要は拡大しているものの、治安悪化などを理由に移民反対の声も高まっており、排外主義的傾向はどこの国でも強くなっています。特に福祉国家のサービスの外国人への適用については議論があるところでしょう。

ただし、福祉国家のケア労働の側面から見ると、女性の社会進出を支えるケア労働は、移民も含めた低賃金女性労働者が担ってきたという事実がすでにあります。従来家族が担ってきたケア労働を社会化していく、いわゆる「ケアの脱家族化」が、先進福祉国家の女性の自立や社会参加に寄与したといわれてきました。これが人口転換を促進していったわけです。しかし実際には、より貧しい農村部の女性労働者が都市の家族のためのケア労働の担い手となり、さらには外国人女性労働者が、先進福祉国家のケア労働に従事するなど、経済格差を利用したグローバルなケアの連鎖（グローバル・ケア・チェーン）が生み出されているという指摘もあります。その末端では、ケアされない人びとが生み出されるという不公正な配分となっているとすれば、ある国の人口問題だけが課題というよりは、そこから福祉政策を介して生み出されているグローバルな格差にも関心をもつ必要がありそうです（小川 二〇一九）。

日本の「人口転換」の始まりは明治期の初めであり、出生率低下は一九二〇年頃から始まったといわれています。しかし戦後、高齢者も子どもも少ない奇跡の人口構成（つまり稼働年齢層が多い）で高度経済成長期を迎えました。これは産児制限策と、これに呼応して生活の近代化に順応しようとした家族の主体的努力によるものともいわれています（中川 二〇〇〇）。しかし奇跡の人口構成は続かず、一九七〇年代後半から、親世代と同数の子世代による人口の置き換え＝「置き換え水準」をかなり下回る水準となっていきました。現在は、「少産少死」という人口転換がすでに完了した「ポスト人口転換期」ともいうべき時期にあり、人口だけでなく経済・社会システムそれ自体が縮減へと向かう時代なのだそうです[*1]（佐藤・金子 二〇一五）。日本の社会福祉政策では、まず一九七〇年代に高齢化が問題となり、子育て支援が課題になっていくのは九五年頃からですから、すでに人口転換が完了した後ということになり、時遅しの感もあります。しかも日本の福祉国家は、人口問題そのものではなくて、そうした環境変化の中で、「持続可能な社会保障や支え合い」をどう維持するかに焦点化し、その結果「給付を抑制し、負担を拡大する」政策を進めてきました。先に述べた「自助・共助・公助」という合言葉は、まさにそれを意味しているわけです。しかし、人口問題それ自体へ切り込めなければ、国家の消滅でもあるわけですから、それはどうするのでしょうか。他方で日本の介護業界にとっては、安価な外国人労働者こそが救世主であり、グローバルなケア・チェーンにすがるしかないかもしれません。

人口と並んで、地球環境問題も福祉国家を土台に直接影響を与える大きな要素です。この地球環境の悪化を背景に、二〇一五年九月の国連サミットで採択された「持続可能な開発のための二〇三〇アジェンダ」（SDGs）があります。フレイザーが述べた自然のシステムがかなりのところ破壊されてきたということにも強く関連しています。二〇三〇年までに持続可能でより良い世界をめざす国際目標で、一七のゴール（貧困、飢餓、保健、教育、ジェンダー、水衛生、エネルギー、経済成長、インフラ・産業化・イノベーション、不平等、持続可能な都市、持続可能な消費と生産、気候変動、海洋資源、陸上資源、平和、実施手段）設定が促されています。日本でも最近ではこのSDGsという文字を見ない日はないというくらいですし、企業もこのポスターを社内に貼って、その達成に貢献したい姿勢を示しています。実際、社会問題を学んだり、解決するという「企業」まで出現していますから、そのうち資本主義の改良を企業が請け負うことになるのかもしれないという幻想を抱きそうな状況ですね。アメリカではwoke capitalism（意識高い系の資本主義?）という言葉まで生まれているそうですから、社会問題のビジネス・ソリューション（?）がいろいろ出てきそうです。

さらに、新型コロナウイルスに代表されるような、疫病の脅威に世界が巻き込まれています。このように、資本主義の経済プロセスや生活プロセスの変容だけでなく、私たちが生きている地球環境それ自体の危機が絡み合って、現代社会は大きな岐路に立たされているといえます。加えて、第一次、第二次世界大戦の「反省」から生み出された福祉国家は、第三次世界大戦の脅威が迫るような状況にも直面しています。しかもその戦争さえ、民間企業が請け負うという時代に入っているのです。

福祉国家という統治モードは、こうした多面的な危機に対応し、それを極力避けていくようなものに変容していくことが要請されていくわけですが、もちろんそれは容易なことではありません。「自助・共助・公助」なんていっている場合じゃないのです、まったくのところ。

第 3 章

社会福祉と「社会の幸福」

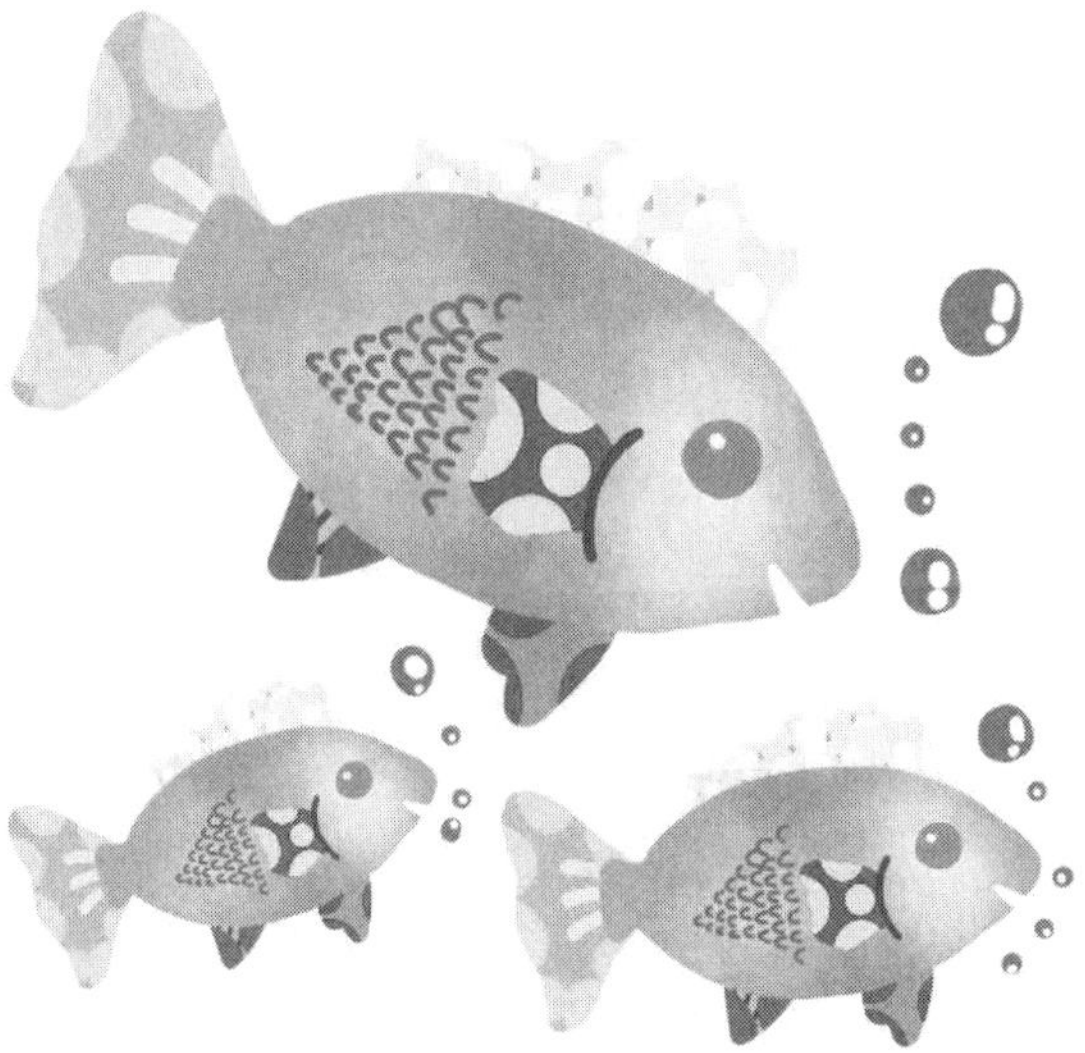

1　社会問題の構築

以上のように、社会福祉を考える糸口は、「自助・共助・公助」のような組み合わせにあるのではなく、近代以降の先進諸国の国家統治のモードとして「福祉国家」を選択せざるをえなかった「事実」にあり、この「事実」を基盤に考えていくことが重要だということを述べてきました。では、なぜ国家は社会福祉を積極的にその統治の中に引き入れたのでしょうか。国家は暴走する資本主義にブレーキをかけたり、調整したりする役割を、なぜ国家の仕事として引き受けたのでしょうか。国家は、何か先見の明があって、そうしているのでしょうか。

すでに述べたように、失業、貧困、住宅難、疾病や障害、低教育、不平等などの状況が「社会問題」として認識され、その解決に国家が乗り出したことが福祉国家の基礎にあります。福祉国家のver.3では、非正規労働者の問題や子どもの貧困などが「社会問題」としてクローズアップされましたね。

では「社会問題」として認識されるとはどういうことでしょうか。たとえば「子どもの貧困」が「問題だ」というときに、よく引用されるのがＯＥＣＤなどの国際機関が算定している相対（所得）貧困率で、二〇一九年の国民生活基礎調査によると日本の一八歳以下の子どもの一三・九％、つまり七人に一人が貧困にあるという結果が示されました。相対（所得）貧困率とは、その国の世帯の可処分所得を世帯人員の平方根で割って調整した等価可処分所得の中央値の仮に五〇％（EUでは六〇％）を貧困基準としたときに、それに満たない世帯の比率です。これは、基幹統計をデータとし、国際機関の定義による貧困測定ですが、ではなぜ「子どもの貧困」が、この数字を根拠にクローズアップされたのでしょうか。

一三・九％が大きいということでしょうか。しかし、同じ調査の結果では、全体の相対（所得）貧困率は一五・四％なので、子どもの貧困より高いのですね。また六五歳以上の男性単身世帯は三二・一％、女性単身世帯は四六・一二％にもなっています。さらにひとり親世帯では五〇・八％となっているので、「数」に着目すれば必ずしも「子どもの貧困」だけがクローズアップされる必然性はないことになります。むしろ、ひとり親世帯と女性高齢単身世帯が着目されるべきでしょう。

ところが、「社会問題」は、このような「客観」的数字から認識されているわけではないという「社会問題の構築論」の考え方があります。キッセとスペクターが一九七七年に公刊した『社会問題の構築』によれば、社会問題とは「なんらかの想定された状態について苦情を述べ、クレイムを申し立てる個人や集団の活動である」と定義しています（キッセ／スペクター　村上等訳　一九九〇、一一九頁）。つまり「なんらかの想定された状態」そのものではなく、その状態は「望ましくないと判断した人びと」によるクレイム申し立て活動に由来しているというのです。今述べた「子どもの貧困」についていえば、実は一三・九％に意味があるのではなく、この数字を引用しつつも、「子どもの貧困」は問題だから解決が必要だという問題構築を行った諸活動が「子どもの貧困」を社会問題たらしめたのだ、ということになります。実際、何人かの研究者、児童福祉や教育現場の人びと、社会活動家、そして何より「少子化」に頭を痛めていた政府それ自体が、この社会問題化に積極的に参画することになります。

こうしたクレイム申し立ては、社会の中で多様に行われており、たとえば、今日の日本では、介護離職、いじめ、ハラスメント、ブラックバイト、ヤングケアラー、ケアリーバー、生理の貧困、宗教二世など、新しい社会問題が新たなネーミングを伴って、次々と登場しています。一見しただけでは意味がわからないものも少なくありません。なかには、「でっちあげ」の問題も提起されます。青少年の犯罪、外国人の生活保護などはしばしば根拠なく「問題」にされることもあります。

このような社会問題の構築過程への注目は、社会運動論や政治学と連動しながら、問題構築から政策形成への理論モデルを議論するという方向へも進んでいます。たとえばジョエル・ベストは「クレイム申し立て→メディア報道→大衆の反応→政策形成→社会問題ワーク→政策の影響」という六つの段階を「自然史」モデルとしています（ベスト　赤川訳　二〇二〇、三三三頁）。このベストの政策形成段階では、近年よく使われている政治学者ジョン・キングダンの「問題認知の流れ」「政策提案の流れ」「政治の流れ」という三つの流れとその合流のモデル（キングダン　笠訳　二〇一七）も引用されています。もともと、政策形成は社会問題をどのように解決するかという手法が中心になるので、問題がはっきりしたからといって、自動的に出てくるわけではありません。たとえば介護問題に対して、介護保険を対応させるかどうかは、自明のものではなく、政策選択の問題になっていきます。したがってこのプロセスでは、問題そのものより、政策選択の価値や手法の構築に焦点が当てられていきます。

2　客観的事実の位置と「科学主義」

他方で、福祉国家の成立は、社会調査や統計によって問題を確かめる「科学主義」とともに進みました。ベストの自然史モデルでも、クレイムの構造として、問題状況の証拠、論拠づけが必要なことを指摘しています。「問題が存在している」ことは示さなければならないからです。福祉国家の基礎としてよく引用されるイギリスの二つの有名な社会調査があります。社会調査論としても先駆的なものに位置づけられるものですが、チャールズ・ブースのロンドン調査（報告書は一八八九〜一九〇三年）と、シーボーム・ラウントリーのヨーク市の調査（報告書は一八九二年）です。ブースは理論から問題を推論して、事実が例証のような扱いをされることに異議を唱え、徹底して資本主義社会の「諸事実」とその関連を詳細な社会調査で明らかにしようとしました。彼の力点は、資本主義社会の富と貧困の分布全体の中で、貧困の「場所」を捉えることにありました。そこで、ロンドンの民衆をその職業と生活水準から八つの社会階級に分類し、その下位四つの階級における貧困の分布と性質を考察し、また、驚くべきことにロンドンの街路を社会階級の色分けで示した地図まで作成しています。*2

このブースの調査に触発されて、ラウントリーも、ヨーク市で労働者階級の調査を行います。ラウントリーの特徴は、勃興しつつあった栄養学に基づいた最低生活費を算定し、それを貧困線としたことです。また、これを使って労働者のライフサイクルのどこに貧困が分布しているかを明らかにしました。ここでの児童養育期の貧困の発見は、現在の「子どもの貧困」のクレイム申し立ての原型でもあります。

ブースもラウントリーも社会改良的な思想をもっていましたが、成功した会社経営者であり、社会主義をめざしていたわけではありません。むしろブースは、当時社会主義民主連盟が二五％を下らない人びとが生存線以下にある、と主張したことに疑いをもって、調査を始めたともいわれています。その意味で、この調査も一種のクレイム申し立てだともいえますが、ブースはあらかじめ貧困だけを取り出したり、その悲惨さをアピールするのではなく、資本主義の中での貧困の「場所」を探り当てようとしたわけです。ここでは一戸一戸訪ねて話を聞くことから得られた「事実」が重要であり、それを知りたい、という動機が強かったのです。こうして完成したブースの膨大な調査報告について、サラ・ワイズは、「純粋な統計データにこだわりながらも、自分はそんなものとは無縁だと思っていた道徳主義的批判に傾くブースの葛藤がページごとに読み取れる」ところが魅力的だと述べています（ワイズ　栗原訳二〇一八　二四八頁）。また、「当時極貧にあえいでいた人びとの暮らしに対して中産階級が抱いていた不安がはっきり表れている」（同上）とも指摘しています。徹底的な調査とその分析というのは、調査者自身のそうした葛藤まで暴いてしまうようなものなのかもしれません。

もちろん、この徹底的に事実を積み上げようとした二つの社会調査から、貧困問題が認識され、福祉国家が生まれた、というわけではありません。構築論のいうように、政策形成においては、政治家や官僚の問題認識が重要ですし、大衆の反応ももちろん重要です。しかし、この二つの調査がこれらの認識にも大きな影響を与えたことは確実です。特に福祉国家の基礎としてのナショナル・ミニマムという概念への寄与は大きく、最低賃金、老齢年金、児童手当などが導き出されていきます。また、この二つの調査は、これへの批判も含めて、その後の学術分野の貧困問題研究の基礎となっていきました。「事実」の積み上げは、ベストらの自然史で描かれたクレイムのレトリックの枠には収まらない、豊富な内容を含んでおり、今日でもなお二つの調査の再発見が続いています。

なお、この二つの調査より少し前に、ベルギーやザクセン王国の統計学者たちによる、労働者の家計調査に基づく分析がなされています。消費支出における食費の割合（エンゲル係数）が、「人口の物的状態の誤りなき尺度だ」とした有名なエンゲルの法則もここから導かれていきます。これらは、近代国家の国力（人口）を測るものとしての統計学の発達を基礎としており、ブースの調査もその系譜にあります。もともと、国力や人口を数値で把握する、いわゆる「政治算術」は一七世紀の絶対主義国家で登場しますが、さらに、近代国民国家は、個々の労働者のベールに包まれた「私生活」の実態を個人の家計簿から把握することを重要だとみなすようになっており、つまり、この時期から「事実の発見」それ自体が国家にとっても有益なものとして促されていった状況がありました。つまり、社会問題が構築されていくどこかの過程で、「事実」の確認がなされるようになり、社会調査や統計が一定の役割を果たすようになった、と捉えられると思います。

3　根源的な「叫び」

他方で、先に述べた全身性障害者の自立生活運動の発端には、重度の障害者・児の生きてきた「経験」が基礎にあります。骨不全症で療育園での生活を送ったことのある安積《あさか》純子は「施設での生活は、規則規則でうんざりだったね。……一番施設で偉いのが医者、次がＰＴ、次が看護婦、保母さん、学校の先生。だから私たちはどの人のきげんをとるとうまくいくかってことを考える、計算する。療育園ではそうなっているわけ、権力の階層秩序がね。……看護婦は、私がありがたいと思わないことでも、ありがとうと言えとしつこく言ってくるわけ。薬を貰っても、血液をとられてもだよ。……一回、必要もないのに血沈とるからさ、医者が論文書くためにやっていたのね。だから『私はモルモットじゃないんだからいやです』って言ったらさ、『わかっているなら黙って従え』って、敵もさるものだと思ったね。こっちの苦しみなんか完全に無視できるんだから」（安積ほか 一九九五、二二三－二二五頁）と述べています。筋ジストロフィーの鹿野靖明も同じような経験を吐露しています。彼は、人工呼吸器をつけることになった入院中に、投薬の件で臍を曲げて病院を抜け出すなどの騒ぎを起こした後、主治医に詫び状を書いています。「私は小学六年の三学期から中学三年までの三年間、国立八雲病院に入院しておりました。そこには筋ジスの子供達が一〇〇人位入院していました。進行の早い子どもたちは次々と死んでいき、多くの友達は、家で死にたい、出前を一度も食べたことがないから、死ぬ前に食べたいと言って看護婦さんの目を盗んで食べて死んでいった多くの友達がいました。……私はいつも、心の底では私たちはモルモットではない。人間だと叫んでいました」（渡辺 二〇一三、二八七-八八頁）。モルモットという自己認識が生まれるような病院や施設の管理と待遇の悪さ、体罰やセクハラも日常的にあったといいます。

また、献身的にケアをしている家族も問題でした。重度脳性麻痺者であった横塚晃一は、青い芝の会という先駆的な運動に関わっていましたが、その活動の一つに重度障害児を母親が殺害した事件への関与がありました。殺した母親への同情が集まり減刑運動や施設拡充の声が上がりますが、殺された障害児の人権は一顧だにされません。それは、障害児が「あってはならない存在」「いないほうがいい者」とされてきたからです。しかし横塚は「母よ！ 殺すな」と叫びました。その原体験として、横塚の母親が、脳性麻痺の子をもつ若い夫婦に二人目を作るべきかを相談されたとき、「それは作るべきです。二人目、三人目が健全であったら、親の気も休まりますよ」と答えたことがショックだったと記しています（横塚 二〇〇七、七三頁）。

もちろん障害者の問題提起や運動は、いまだに成功したとはいえない状況です。施設の中での虐待や殺人、母による障害児殺しはなくならず、施設拡充要求も根強くあります。構築主義からいえば、レトリック（説得）に問題があるのかもしれません。しかし、上に述べてきたような原体験に基づく反発や叫びは、人間存在を問う根源的なものであるがゆえに、社会の反応によって簡単に修正できるものではないのではないでしょうか。社会の反応がどうあれ、彼らはその存在を賭けて「叫ぶ」しかないのです。

先に福祉国家の前史として、工場法についてちょっと触れましたが、これは、産業革命時の「工場」の中での長時間労働や子どもの雇用が問題になっていき、まず子どもや女性の労働時間規制を進めたものでした。この子どもも含めた長時間労働や交代制度も事実としてあったことです。日本でも女工哀史がよく知られていると思いますが、一四時間半という労働時間などを不満とした女工たちの自発的なストライキまで起きています。イギリスでは、その事実が工場監督官たちによって報告されたことが、労働時間規制や子どもの保護にとって強力な論拠となりました。イギリスの一八三三年の工場法で導入された工場監督官の一人であったレナード・ホーナーは、四七年に導入された一〇時間労働規制について労働者自身にアンケート調査を行っています。その結果、不況期にもかかわらず、七五％の労働者が、賃上げより労働時間短縮を支持した、という結果になりました。その事実は、ホーナーに労働時間短縮の必要性を真に確信させたといわれています（武田 一九八〇）。また、ここから子どもは工場の中ではなく学校で教育される存在であることが訴えられていきますし、他方で大人の労働者の労働時間も、短縮されていく道筋が生まれていきました。

4　社会不安

さらに、特定の社会問題の構築というより、多様な問題が折り重なって、「社会不安」が高まり、民衆騒擾《そうじょう》というような形で「問題」が顕在化することもあります。日本で民衆騒擾として名高いのは、日比谷焼打事件ですね。一九〇五年の日露戦争終結のポーツマス条約が調印された日に、日比谷公園でその反対集会が開かれ、ついには官邸や新聞社などの焼き討ち事件へと発展しました。これは日露戦争のための増税等による生活苦が背景にあり、それにもかかわらず講和条件への期待が裏切られたことが原因といわれています。また、第一次世界大戦中も物価、特に米価が高騰しましたが、一九一八年に政府がシベリア出兵の方針を固めたことを背景に、投機目当ての米買い占めが起こり、米価が急騰しました。これに富山県の漁民・主婦などが反応して起きたのが米騒動です。これは皆さんも聞いたことがあるでしょう。騒動は各地へ伝播していきました。さらに、米騒動は労働運動や普通選挙運動にも大きな影響を与えていきます。これを受けて、一九一九年には内務省に「救済課」が設けられ、すぐ「社会課」に、翌二〇年には「社会局」となって、「社会問題」を所管するようになったのです。

このように、資本主義は、多様な問題を事実として出現させていくとともに、これに不満をもった社会構成員の多様な声が社会空間に投影され、そうしたものの中から社会問題が構築されていきます。近代社会では、国家とこの社会は一応区別されたものとしてあります。この点はすぐ後でまた詳しく述べたいと思いますが、国家は、社会をコントロールすべき立場にありますから、社会空間に不満が充満していくことは、国家にとっても「問題」でした。特に、社会主義や社会民主主義の国際的展開がありましたから、米騒動の原因についても念入りな思想調査が行われたといわれています。実際、第一次世界大戦中のロシアで革命が起こり、一九二二年に世界初となる社会主義国家としてソヴィエト社会主義共和国連邦が成立していますから、「騒擾」や「騒動」は、資本主義体制や国民国家そのものの危機でもあったわけです。こうした危機を孕んだ社会への応答の一つが、「社会問題」を緩和させていく社会福祉を国家がその統治の手段として位置づけていくことだったといえます。六カ国を取り上げて、福祉国家がどのように形成されてきたかを比較検討した田中拓道は、何を社会問題とみなし、それへどう対応しようとしていたかは、国によって異なり、それがのちの各国の福祉国家の特徴と関連していると述べています（田中 二〇二三、二六頁）。

5　社会って何？――サッチャーとジョンソンの「社会なんてない／ある」

では、このようにさまざまな「問題」が提起され、そこから社会運動などが生まれていくような「社会」とは一体何でしょうか。第一章で述べた、自助との関連では、人間は経済活動を通して生きていくということが前提でした。ここでは家族の相互扶助だけが存在し、あとは人びととの市場での競争関係があるだけです。また個人の自立と国民国家という観点からは、個人と国家しかありません。しかし、近代国民国家と資本主義の成立過程において、国家や個人（家族）とは区別される社会という領域が形成されていきます。ハーバーマスは、西ヨーロッパにおける市民革命の少し前から、あくまで私的領域でありながら、対等な市民の、自律的で、開かれた討議の場として、公共的意義を帯びた「市民社会」が形成されたと指摘しています（ハーバーマス 細谷・山田訳 一九七三、三一頁）。公共という言葉は、たとえば公共の建物、公共の目的などのように、「皆が使う」とか「皆のための」というような意味合いで、つまり「公的」とほとんど同じものとして使うことが多いのではないかと思います。公権力の領域ですね。しかし、公共的意義を帯びた市民社会とは、あくまで私的領域に属しながら、人びとの共通の政治的課題を論議するような圏域を指しています。もちろん、ハーバーマスのいう市民とは、当時の「教養あるブルジョワジー（男性資本家）」にすぎませんが、国家とは異なった社会空間の中に、共通の政治課題を語り合うような場が生まれ、これが市民革命の下敷きになったというわけです。

ここで重要なのは、社会はあらかじめ国家統治に組み込まれた、あるいは国家と調和的な存在ではないということです。もちろん、国家権力は市民社会にも浸透し、特に福祉国家は人びとの生活の隅々まで統制するようになるわけですが、市民社会は、国家とは異なった私的領域であり、てんでにそれぞれの目的や利益を追求する団体が、異なった価値をもって競合していくような空間です。あるいは、スラムのような貧困や、失業問題などが可視化され、したがってその解決を求めた多様な社会運動が繰り広げられる場にもなります。つまり、近代国民国家は、それとは異なったものとしての社会に、たえず批判・評価されてしか存続しえない、という構図があるということになります。

その後、ブルジョワジー（男性）だけでなく、労働者、女性なども自由権や選挙権を求めて活動していきましたから、社会空間には、かつての共同体とは異なった多様な中間集団が自発的に組織され、多様な言論活動、文化活動、あるいはマスメディアの発達が促されました。労働者が組織化をすれば、資本家層も組織を作ります。農林漁業者の協同組合、地域の消費者の活動等々。国家はこれらの団体を活用しつつも、それらの多様な価値に基づく活動から挑戦されることになります。

この市民社会と国家の関係を、田中は、「国家・市民社会は資本主義に依存し、それを補完するだけでなく、資本主義と対抗するという二重性を持つ」と述べています（田中 二〇二三、一五二頁）。その意味では、ガーランドのいう暴走する資本主義を制御しようとする役割は、国家だけでなく市民社会も担っているといえます。同時に、田中は「国家のあり方は、市民社会内部の、家族・労働・生活様式などの規範をめぐるヘゲモニー闘争と権力関係によって決まる」（同上）とし、市民社会の果たす役割の大きさを示唆しています。

ところで、イギリスの第七一代首相マーガレット・サッチャーは、小さな政府を追求し、新自由主義の導入によって、イギリス福祉国家の基礎にあった国営企業の民営化や福祉の削減を求めた「サッチャリズム」で有名ですが、その在任中「イギリスには社会などというようなものはありません」と発言しました。続けて、「存在するのは個々の男女と、そして家族です」と述べたそうです。これはまさに、人びとが社会空間の中で繰り広げている、多様な言論活動や社会問題の提起、互助等々の自由で自発的な諸活動を「黙殺」しようとしたものとして、当時驚きをもって受け止められました。この古い言葉が、最近引っ張り出されました。引っ張り出したのは、在任中に新型コロナに感染し、一時は集中治療室に入った、第七七代首相のボリス・ジョンソンでした。ジョンソンは、イギリス福祉国家の誇る国営医療保健（ＮＨＳ）の医療関係者に感謝するとともに、感染防止のために外出も控えてＮＨＳの逼迫を防ごうとした国民の意識の高さや活動を讃え、「このコロナウイルス危機がすでに証明した一つのことは、本当に社会というようなものはあります」と述べました。

「社会というものはあります」というのは、「社会などというのはありません」としたサッチャーの発言の否定的引用です。ジョンソンも保守党で、社会保障の削減をはじめ、イギリスのＥＵ離脱をリードした政治家ですが、サッチャー以降の予算削減が続くＮＨＳに、退職した看護師たちが戻ってきて、献身的な看護をしてくれたことや、新型コロナウイルス禍の「市民の社会意識」によって自らが「死を免れた」現実に気づかされたのだろうといわれました。しかし、ジョンソンが反省して、看護師たちの賃金を上げた形跡もなさそうだし、むしろやってはいけないパーティを官邸で複数回開いた疑惑で辞任に至るのですから、彼は「社会というもの」があると気づいたかもしれないけれど、実は自分とお友だちしか見ていなかったのかもしれませんね。本書を執筆している時点で、イギリスの看護師たちの大規模ストライキが繰り広げられているのは、ジョンソンが社会を甘く見ていたからかもしれません。

ともあれ、国家を代表する政治家の言説として、「社会なんてない」か「社会はある」のか、という問題の立て方は、あまりにも単純すぎる気がします。「ある」「ない」にかかわらず、統治者は、たえずその社会がどうなっているか、大衆は時の政府をどのくらい支持しているのか、そして実は何よりも、何が社会問題として提示されているのか、それをめぐって社会という空間にどんな議論や価値の対立が起きているのかを、気にしなければ務まらないのではないでしょうか。

社会科学とか、社会政策といった学問分野も、国家や個人・家族とは異なった領域としての社会をその対象として成立していきます。すると、社会空間に提起された問題、たとえば貧困、労働問題、人口問題などが学問的に追究されていくことになります。しかし、国家統治という立場から使う「社会」という用語の意味を分析すると、そのような社会問題からストレートに社会を理解したのではないと、ドイツの社会保険導入時の分析を行った坂井晃介は指摘しています。学術の把握する社会問題や統計によって示される「社会」とは異なって、官僚や政治家は「社会」という用語を「脅かされている秩序」として理解するようになった、と坂井は解釈しています。「脅かされている秩序」とは、坂井が研究したドイツの当時の状況でいえば、社会民主主義やカトリック勢力の国際的拡大であり、それが国家にとって脅威をもたらしている、という理解です（坂井 二〇二一、一五四頁）。同時に、多様な中間集団としての社会、という具体的な把握もされていたようです。これは国家が社会に対して何かを行おうとする場合、その名宛人の位置に、多様な中間集団があった、ということなのだそうです。この場合、問題を起こしそうな団体、国家が介入すべき団体、などの識別がなされていき、その観点からの中間団体の再編も提唱されていったと述べています。

もちろん、国家にとっての社会の意味は、歴史的にも国によっても異なっているでしょう。しかし国家とは異なった領域で、国家と調和するとは限らない、「問題含みの社会空間」、という意味では共通しているかもしれません。もちろんそれは、政治への国民の参加の仕方によっても変化していくに違いありません。

なお、ハーバーマスが述べた国家とは一線を画した市民社会の公共性ですが、福祉国家（社会国家）段階では「社会の国家化」「国家の社会化」が生じてしまうとも指摘されています（ハーバーマス 細谷・山田訳 一九七三、一九八-九九頁）。確かに、国家は市民社会の中間団体を動員しつつ、そこへ積極的に介入していくことになりますし、社会問題のクレイム申立てをしていった活動家たちも、政府の委員会などに登用されていきますから、社会における国家権力への批判やコントロールは弱められていく可能性が大きくなるでしょう。特に日本の場合は、社会福祉法人などを政府が作ってきた経緯もあり、厚生労働省の方針は批判しないばかりか、積極的にその宣伝隊になる風潮が強いです。このため、たとえば公助だから安心、というだけでなく、むしろ、本当に安心かを、たえず批判していく市民的コントロールの視点はきわめて重要ではないでしょうか。この点は後で一つの論点としたいと思います。

6　社会福祉と「社会の福祉」

こうして、社会福祉は、「問題含みの社会空間」に投げ込まれた諸問題や不安などへの対応として、一方ではこの空間の中から自発的に育まれ、他方では国家がこの社会空間をコントロールするために発達させたものだといえます。国家や地方政府の政策的対応は、たとえば「子どもの貧困」を緩和しようとしてなされるというよりは、「子どもの貧困」を問題と認識する社会空間への対応としてなされるといったほうがよいかもしれません。社会福祉の「社会」とはそういう意味をもっており、社会空間自体を逸脱させせないようなコントロールがたえず意識されていると見ることができましょう。

社会福祉は、よく福祉、福祉と略され、あたかも個人の福祉の向上のために行われているように受け取られがちです。しかし問題は「社会」にあり、この「問題含みの社会空間」を、国家や多様な中間団体がコントロールする、という意味として、社会がくっついていると考えるほうが、現実に即しているように思います。言い換えると、個人の福祉というより、まずは社会（公共）の福祉が意識されているわけです。

歴史的に見れば、これまで挙げた例が示すように、資本主義生産の暴走による労働者の酷使や工場の過酷な環境への介入が行われ、社会主義などの体制を脅かす思想や運動に国民が巻き込まれないようにする一手段として所得保障が導入されてきたという経緯があります。しかも、先に述べたように、所得保障の要となった社会保険は、個人のニードではなく、「集団の平均ニードの推測」に基づいているので、しばしば集合主義ともいわれてきました。もちろん、何が社会（公共）の福祉かの判断は容易ではなく、国家が判断することと、社会の構成員が判断することは違う場合も多いでしょう。しかし、特に福祉国家段階への移行においては、「問題含みの社会空間」における格差や不平等の是正を、社会福祉によって成し遂げようという機運が高まりました。先にも述べたように、二つの世界大戦を経験して、戦時中には一時的に階級対立が緩和し、戦地でも国内でも国民が協力し合う「国民統合」が「束の間」ではあれ実現したと、感じられたからです。この戦時の「束の間」の連帯を、戦後に再建するために、福祉国家への期待が高まったといわれています。

しかし、この「国民統合」をめぐっては、少なくとも次の二つの問題がありました。第一は「誰が国民なのか」という問題、第二は、福祉国家は平等を実現させたかという問題です。社会福祉の権利について、イギリスのＴ・Ｈ・マーシャルはシティズンシップという言葉で説明しましたが、それは「完全な社会の構成員」と定義されました。では誰がそれに該当するのでしょうか。国籍でしょうか。「母よ！ 殺すな」と叫ぶ重度の障害者は構成員でしょうか。犯罪歴のある人びとはどうするのでしょうか。旧植民地などからの移民は？ グローバリゼーションで行き来する多様な外国人は？ 具体的に考えていくと、社会の多様な構成員の統合も容易《たやす》くなさそうです。

平等の達成については、すでに述べたような資本主義それ自体の変貌によって、当初の福祉国家の標準労働者家族モデルが崩れていますから、これもなかなか難しそうです。さらに、国家の目標としては、福祉国家を維持することが目標に転化してしまうこともあります。特にこのところの日本は、社会福祉が何をなすかより、戦後作り上げた日本の福祉体制の持続が目的化しているところがありますね。しかし、社会福祉というのは、まさに何が「社会の幸福」かを問いかけているものともいえます。

第 4 章

社会福祉と「個人の福祉」

――ニードと利用資格――

1　社会問題から個人の「ニード（必要）」へのずらし

社会福祉の「社会」について考えてきましたが、社会福祉は個人を幸せにするものだという認識は、もちろん大変強いものがあります。特に福祉国家の所得保障やサービス保障は、それが結局は個人の福祉に寄与するので、誰にどのくらいの所得が再分配されるとか、サービス利用ができるかが、社会福祉の実績となっていくことになります。医療・介護や社会福祉サービスにおいても、受益者負担という表現をしますが、つまり使う人は「得をしている」とみなされるわけです。

このように、福祉国家のいくつかの領域では、個人へ利益を供与しているスタイルをとることになりますが、これはしばしば「ニード（必要）」という言葉で表現されることがあります。日本の社会政策や社会福祉にとって、「ニード」は比較的新しい概念で、一九七〇年代の終わり頃から使われ出したものです。それまでは、社会政策＝労働問題、社会福祉＝生活問題というような区分で、政策対象の認識が行われていました。たとえば、かつて孝橋正一は、（狭義の）社会福祉の対象を「社会問題」から派生的に生じる「社会的問題」とし（孝橋　一九六二）、一番ヶ瀬康子らは「生活問題」と表現しています（一番ヶ瀬　一九六四）。孝橋のような理解は、マルクス主義の伝統の強かった日本では、資本主義の生産関係が重視され、「工場の中」の問題こそが社会問題の中核だという解釈が成り立ったからです。岡村重夫だけが、個人の「社会生活上の基本的要求」として、「経済的安定の要求」「職業的安定の要求」「家族的安定の要求」「保健・医療の保障の要求」「教育の保障の要求」「社会参加ないし社会的協同の機会の要求」「文化・娯楽の機会の要求」の七つを挙げ、これらの基本的要求の主体者たる個人が、基本的要求に対応する社会制度との間に取り結ぶ社会関係に介入して、個人を援助するところに、社会福祉の「固有性」があるとしました（岡村 一九九七）。これは社会的「ニード」を前提に、その充足の主体である個人を援助する側面に重点を当てたため、いわゆる援助技術論ともなじみがよく、「岡村理論」と呼ばれて、今日でも影響力をもっていますね。

イギリス社会政策における「ニード」概念を日本に紹介したのは、一九七〇年代以降の社会福祉の拡大に大きな貢献をなした三浦文夫です。三浦は孝橋や一番ケ瀬らの「社会的問題」「生活問題」という捉え方は「曖昧」なため、ニード概念を採用したほうがよいと述べています（三浦 一九八五、五六―六〇頁）。具体的には、R・ウォルトンやA・フォーダーのニードの定義を紹介していますが、さらに進んで「貨幣的ニード」と「非貨幣的ニード」という、驚くほど簡略なニード分類を、あくまで操作的ですが、作ったことでも有名です。前者は所得保障と対応するニードで、後者は介護サービスのような「対人サービス」と対応するニードと説明されています。三浦は、高齢者福祉を中心に社会福祉（サービス）をもっと拡大させていこうという時代の認識を反映させただけだったようですが、現在でもこの分類は日本では好まれています。この区分については、後でまた批判的に検討したいと思います。

三浦が、問題という括りに比べて、ニードのほうが曖昧さがないとしたのはなぜかよくわかりません。推測にすぎませんが、問題だという認識は、ある状態への価値判断ですが、「ニード」は、必要が満たされていない（欠落している）→欠落しているものを社会へ要求する、ということがすでにその言葉に含意されていますね。つまり「ニード」は「充足手段＝資源」とコミになって把握されるものともいえます。三浦が貨幣的・非貨幣的という区別を持ち込んだのも、充足手段から「ニード」を見ていることがよくわかりますね。この点で、問題より直接的に資源要求につながっているため、わかりやすいとしたのかもしれません。

三浦の影響もあってか、高齢者福祉を中心とした「対人福祉サービス」の拡大の時代に、日本でもニードとかニーディ（ニードをもっている人）というような言葉が盛んに使われ始めました。当時、自治体がよくやっていた「ニーズ調査」とは、「ホームヘルパーを知っていますか。ホームヘルパー制度があれば使いたいと思いますか」のような、ある制度の認知と利用意向を聞くというようなものが少なくありませんでした。そこではニードは、その充足手段の利用意向に置き換えられてしまっていたのですね。

さらに「ニード」は問題より属人的で、個人的な把握方法です。問題は集団的に発生することが多いわけですが、「ニード」は個人に分解することが可能で、逆にいえば「ニード」判定を個別的に行うことを可能にします。したがって、たとえば介護問題という社会問題解決のために介護保険制度を作り、その保険でサービス供給を行おうとする場合、あらかじめ「要介護認定」と称して「ニード」の判定を個別に行います。こうした判定は、具体的なサービスの供給の前提になることが多く、介護問題一般ではなくて「あなたの介護問題」へ展開することが可能になります。先に、社会保険などの設計は、集団の平均ニーズの推計を前提にしていると書きましたが、そのような制度設計であっても、いかにも「個別ニード」を判定しているような「ニード・テスト」がなされていくわけです。「個別ニード」はソーシャルワークのような対人援助では、さらに重視されるものになっていきます。

　このように「ニード」概念は、社会問題という把握を個人の問題へずらしていく役割を果たしているといえるかもしれません。このため社会福祉も「個人の損得」と結びつきつつ、「個人の必要を満たす幸福の手段」としてもみなされるようになっていきます。重度の障害者の必要とするケアサービスの量が多いことは、それが欠落すると生きていけないからですが、多くのサービスを配分された障害者は「得」というようにみなされやすくなります。では社会福祉とは個人の福祉の総和か？　ということになると、これはなかなか難しい問題ですね。すでに見てきたような社会問題のコントロールという観点からすれば、個人の福祉であるより前に、社会の安定や調和が求められてきたからです。また、さらに重要なのは、社会問題という把握においては、問題を共有している人びとが、その規模の大小はあれ、前提にされ、その人びとの問題解決へ向けての「連帯」の可能性が含まれていたわけですが、個別化された「ニード」においては、どこまでも「私のニード」の充足だけが求められていくことになりやすい、ともいえます。

2　「ニード」の操作的分類

このような充足手段と一体的に捉えられ、かつ個別化可能な「ニード」は、所得保障やサービス保障の「ニード・テスト」、つまり利用要件のような形で制度化されていきます。たとえば、生活保護の資産・収入調査、保育所の入所要件、介護保険の要介護認定、障害認定、失業認定など。また、本来、個々のニードではなく、あくまで集団的な平均ニーズを基礎とした年金保険のような場合は、年齢と拠出期間だけを「ニード・テスト」の代わりにすることもあります。医療ニードについては、医師による疾病の診断が普通です。

さて、三浦が日本に「ニード」という用語を導入しようとしたときに参照したフォーダーは、その著書 *"Concepts in Social Administration"*（ソーシャル・アドミニストレーションにおける諸概念）の中で、ソーシャル・サービスは、経済市場における「需要と供給」ではなく、社会市場における「ニードと資源」の関連を目的としており、ニード論がまず中心課題になるといっています（Forder 1974: 11）。ここでソーシャル・アドミニストレーションとは、社会政策の一部であるソーシャルサービスに関連した学問や実践を意味し、資源の性質、ニーズの概念、分配の方法、分配が行われる制度の検討を、権力、態度、価値の問題を考慮しつつ行うものということですが、イギリスでは、ソーシャルポリシーやソーシャルワークを学ぶ大学の学部名としても、学会名としても長く使われていたものです。*3

特にフォーダーの著作が出版された一九七〇年代には、政策というよりは運営に焦点を当てた研究が盛んだったといえるかもしれません。以上はあくまでイギリスの事情ですが、三浦は日本における高齢者福祉サービスの拡大を意識して、政策でもない、援助技法でもないソーシャル・アドミニストレーションの概念に注目したと考えられます。

このように、フォーダーは、ソーシャル・アドミニストレーションの中心概念であるニードに注目したのですが、他方で、ニードを「理想的な定義」で一般的に把握することは困難だとも強調しています。たとえば「健康」は理想的な規範の一つですが、世界保健機関（WHO）の定義＝「健康とは、単に疾病や病弱がないことではなく、身体的、精神的、社会的に完全に良好な状態である」という言葉に示されているように、「生活のほとんどすべての側面を網羅するため、ほとんど意味のないものになってしまっている」からです。これに対して、美味しい牛肉やミルクを供給するものとしての牛の健康や繁殖に必要な餌は何かを（それを消費する人間から見れば）決めやすいとも述べています。人間の目標や幸福は多様で、人間に利用されるものとしての牛（牛は怒るでしょうね）のようにはいかないというわけです。そこで、フォーダーは社会福祉の供給場面で実際にニードを判定するために使われるアプローチから考えるしかないと述べ、次の五つに区分しました（ibid: 39-57）。

① 最低基準ニード
② 相対比較ニード

③　フェルト・ニード（felt need）
④　専門技術的ニード
⑤　ナショナル・ニード

①は、たとえば最低生活費などの最低基準を決め、そこからそれ以下のニードを判断するアプローチです。これに対して、②の相対比較ニードは、社会の何らかの集団と比較して、満たされていないニードを判断する方法です。③は本人が感じているニードを意味しており、④は専門的判断です。⑤はややわかりにくいのですが、共通の環境や文化歴史遺産などをもつ国民としての社会関係維持のニードであるとされています。

類似のニード分類としてジョナサン・ブラッドショウも一九七二年に次の四区分を示しています（Bradshaw 1972: 71–75）。今日では、こちらのほうが有名です。

①　「規範的ニード」（科学的判断や専門家の判断）
②　「本人が感じているニード」（felt needs）
③　②のうち「表出されているニード」（expressed needs）
④　「相対比較ニード」（他の社会集団に比べる）

この四区分は、本人の判断である②③と社会の判断である①④に二区分できます。本人の判断は、本人が感じているレベルと、それが表出されているレベルがあるとして、ニードというものは本人が一番わかっているはずだが、それをきちんと訴えたりできる部分は一部だという見方を示しています。

一般に公的制度がもつニード基準は、ブラッドショウの①④の社会的判断に依拠するのが普通です。公的制度は、何らかの客観的データや専門的威信に依拠しなければ、国民や住民から支持が得られないと考えがちだからです。また、その場合の基準は、何度も述べているように、平均的、標準的な推測に基づいています。なお医療、介護、障害などの判定は、医療という専門性の威信を基礎としており、いかにも個別的な判断をしているように見えますが、その基礎にあるのは、標準的な診断基準や処方になります。個別的なのは、それを個人へ配分する段階でそうなっているだけです。他方で、ソーシャルワークなどの対人援助場面では②③の主観的ニードを尊重しているタテマエがあります。といってもニードを充足する手段の制度化においては、そのような個々の主観的ニードを取り入れていることは稀なので、結局のところ、個別ニーズと標準化された資源をできる限りうまく結びつけることが、援助の中心になります。

むろん①④によるニード基準は、②③と適合するとは限らず、むしろそれらのニードの一部を「落とす」のが普通でしょう。原爆や公害の被害認定、難病や障害認定などが、どこかに線引きをすることによって、誰かのニードを落としてしまっていることはしばしば問題視されています。すると当事者などから、①④への異議申し立てがされて、ニード基準の再考が求められていくこともあります。

3　貨幣的ニード・非貨幣的ニードと「ニード」の充足手段（資源）

なお、三浦の貨幣的ニードと非貨幣的ニードですが、これをニード充足の手段と考えれば、そういう分類もありえるかもしれません。しかし、この充足手段（資源）について、フォーダーはニードを充足する「真の資源」は財とサービスであり、貨幣はその媒介手段にすぎないと念を押しています。当たり前といえばそれまでですが、ニードの充足は、たとえば食料、住居、衣料のような財や、教育、医療などのようなサービスによってなされます。貨幣は、市場でそれらを自由に調達するための手段にすぎません。では、なぜ所得保障のような貨幣給付が福祉国家の一つの主流になっているのでしょうか。

それは、市場で商品としての生活財やサービスを自由に調達することが、資本主義における生活の普通の流儀だからです。賃金も他の報酬も貨幣で支払われます。そのうえ貨幣はどのような商品とも交換可能で、かつ貯蔵可能ですから、生活の自由の幅を大きくしていきます。むろん、福祉国家の医療サービス、教育サービスなどはその供給自体の規制も大きく、貨幣ではなく直接供給されるのが普通です。

貨幣で支払うか、サービスや財で供給するかは、三浦のいうように、決まっているものではなく、政策の選択肢です。たとえば障害者の介助のニードを充足させるのは介助サービスそのものですが、介助サービスを直接給付するのではなく、貨幣給付（ダイレクトペイメント）の要求もあります。介助者を自分で選び編成したいという要求ですね。逆に、貧困へも貨幣給付ではなく、施設等現物支給がわざと選択されることもあります。ホームレス状態の貧困へ、大阪や東京が長く行ってきた施設優先の対応などがそれです。いずれにせよ、貨幣か非貨幣かは、厳密にはニードではなく、その充足手段の区分であるということと、ニードと充足手段の対応は決まったものではなく、充足手段は考え方（価値）によって可変的であることは理解しておく必要があります。

なお、付け加えですが、フォーダーはソーシャル・アドミニストレーション論としての資源について、土地や人間資源が簡単に増減できない特殊なものであることについても言及しています（Forder 1974: 13–17）。また収入の種類による把握の難しさ、貯蓄や資産の把握の仕方の難しさも具体的に指摘しています。さらに資源は、国の収入と富、個人のレベルの収入や富に分けられますが、国の税制度の仕組みと、所得保障の給付の仕組みを調整するような明瞭な政策がない点を指摘しているのは、今日から見ても重要です。個人レベルの収入や資産は、資産調査（ミーンズテスト）に使われますが、どこまでの収入や資産を勘案するかの問題もあります。三浦も貨幣ニードなどの概念を作るのではなく、ニードに対応する資源問題として、貨幣を多面的に議論すればよかったのにと、思わずにいられません。

4 「ベーシック・ニード」の規範理論とケイパビリティ

「ニード」を以上のようなソーシャル・アドミニストレーションの道具として捉えるのではなく、「人間の必要」それ自体として把握しようとする議論も、むろんあります。もともと、「人間の必要」は、一定の貨幣経済の発達を前提として、特に強欲さ（グリード）との対比でさまざまに取り上げられてきました。富の蓄積が可能になっても、強欲を戒めた寓話や小説はたくさんあります。ディケンズの「クリスマスキャロル」は有名ですし、日本の「舌切り雀」もそうですね。では、強欲と必要の境はどこにあるのでしょうか。ロシアの文豪トルストイは「人にはたくさんの土地はいるか」という短編で、広い土地を貪欲に求め続けた農民が、結局は死んでしまって、そこで必要になったのは、彼を埋葬する墓のための土地だけだったことを書いています。インドのガンジーもまた、「地球はすべての人間のニードを満たすのに充分なものを提供するが、すべての人間のグリードを満たすわけではない」と述べています。

このようなグリードと対比されるような、人間に欠くことのできない「ベーシック・ニーズ」について、主に三つの分野で理論化が進んでいると玉手慎太郎は指摘しています（玉手 二〇一四、二六頁）。その一つは開発経済学の文脈におけるベーシック・ニーズ論です。途上国の貧困問題の解決には経済成長が必要だという一九六〇年代の開発政策が挫折したことを受けて、七〇年代には、ベーシック・

ニーズを充足させることが開発の目的であり、絶対的貧困を克服する道であるという考え方への転換が促されました。さまざまな国際機関がこの考えに立っています。

もう一つは規範倫理学におけるハリー・フランクファートの「充足主義」または「十分主義」の考え方で、ニードは欲求やグリードとは区別され、それらに対して優先されるし（先行性の原理）、その充足は十分でなければならないという考え方です（同上、二八頁）。類似の原理は生活保護のような最低生活基準を考える場合に引用されることがあります[*4]。

さらに、玉手は環境倫理学において、「最低限のニーズとしての自然財の保障に加えて、さらに、人々が最低限のニーズを満たすことで満足しそれ以上を求めない（少なくともそれ以上を無尽蔵に求めない）ことを規範的に要請する主張」（同上、三〇頁）を取り上げています。これは開発経済のベーシック・ニーズよりさらにラディカルであり、「成長経済」ではなく「定常経済」をめざすことによって、自然資本との調和や人間にとって何がベーシック・ニーズなのかを問うものとなっているとしています。

以上のような、新たなニードの捉え方も、ニードがそれを充足する財またはその使用による主観（経済学でいえば、効用）のレベルで把握される点は、先の社会政策のニード定義と同じです。ところが、ノーベル経済学賞で有名なアマルティア・センは、この財と効用の中間に、人が財を用いて「何をなしうるか、何になりうるか」という機能の次元があることに注目しました。まず、財はさまざまな特性（使用価値）をもち、食料を購入する、自転車を購入するというレベルで見ると、それらの特性は誰にとっても同じものとして現れます。しかし、たとえば、一定の質量の食料は、そこに含まれる栄養素を使い手に与えるものですが、寄生虫によってそれが阻まれたり、もっと多くの食料を必要とする妊婦や育ち盛りの子ども、他方で嚥下障害があって、飲み込むことができない高齢者など、状況によって使い手にもたらす栄養は異なるのが現実です。個人の生活は、「何をなしうるか、何になりうるか」を示す、このような「機能（functioning）」の組み合わせとして把握できます。さらに実際に「なしたこと」だけでなく「達成可能な行いや在りよう」を示す機能のベクトル集合をケイパビリティ（潜在能力）と呼んでいます。このケイパビリティからアプローチすると、福祉の目的が、単に「達成するもの」であるだけでなく、「選択する機会をもった可能性の問題」でもあることによって、人びと自身が「良き人生を選択できること」に価値があるとしています（セン 鈴村訳 一九八八、九一－九二頁）。

さらにセンは、ケイパビリティのうち、基本的な事柄をなしうる最低限の基礎的なケイパビリティをもっている状態を、ベーシック・ケイパビリティとし、その平等を示唆しています。しかし、そもそも機能は状況によって変化するものですから、その基礎的な集合をリストアップすることは困難です。センはいくつかの例示はしていますが、リストアップは民主的な合意の下になされるべきと、消極的です。しかしセンの共同研究者のマーサ・ヌスバウムは、具体的な基礎的諸機能のリストアップができると主張し、具体的に一〇項目のリストを挙げています。「生命」（早死にしないこと）「身体的健康」「身体的保全」「感覚・想像力・思考」（を制約なしに働かせられること）「感情」（をもてること）

「実践理性」（を行使できること）「友好」（差別されないことなど）「他の種族」（と共生すること）、「遊び」「環境のコントロール」（政治参加や資源保有）がそれです（ヌスバウム 池本ほか訳 二〇〇五）。これらは、先に述べた開発経済学の文脈でのベーシック・ニーズ論に大きな影響を与え、国連開発計画の人間開発指数などとしても展開されています。もちろん、あくまで指標ということです。

以上の基礎的ケイパビリティの議論に触発されながらも、人間の「ニード」論としての本質的展開として注目されたものに、レン・ドイヨルとイアン・ゴフの共著 *"A Theory of Human Need"*（1991）があります。この特徴は、人間に共通な基本的ニードは社会的に実在するものであり、客観的に把握できると明確に宣言し、あらゆる相対論や構築論を退けたことです。また基本的なニードとして個人の身体的健康と自律性に注目します。自律性は自立ではなく、行為主体の自由としてのオートノミーであり、しかも批判的自律という政治参加や改革への参加を基本ニードとしています（ibid: 59–60）。また具体的なアプローチとして、身体的な健康を否定的に定義し、死亡、障害、疾病の最小化として測定する、同様に、自律性についても、精神障害、認知的剝奪、機会制限の最小化として否定的に定義し、測定するという手法に特徴があります。

しかし、こうした健康と自律という「出力」だけでは具体的ではないので、この「出力」に積極的に貢献する「入力」概念として、十一個の「中間的ニーズ」（普遍的な満足の特性）を位置づけています（ibid: 191–221）。この十一は以下のものです。

①十分な栄養のある食料と清潔な水、②適切な住宅、③危険のない労働環境、④危険のない物理的

環境、⑤適切な健康管理、⑥幼少期の安全保障、⑦他者との重要で適切な関係、⑧物理的な安全、⑨経済的な安全、⑩安全な出産と子作り、⑪適切な基礎教育と異文化理解教育。

これらは基礎的ケイパビリティよりは具体的ですが、まだかなり抽象度が高いですね。また健康ではなく病気にならない、というような否定的なアプローチを取ったわけですが、先に紹介したフォーダーの指摘にあるように、健康の定義の難しさが、病気や障害とすることで回避できたわけではありません。現代のように科学が進んだ段階でも、診断できない病気もあるだろうし、診断できても治療の方法がわからない病気も少なくありません。また「適切な」管理をしても病気や障害が避けられないことが多々あります。人間も病気になり、だんだん老化して、最後は死んでいく存在ですが、最後まで自律的であることに努めよ、といわれているような感じがしませんか。なお、個人の側のケーパビリティの豊富化ではなく、財の特性として、障害などがあっても生活できる機能を盛り込むことは可能です。道路、交通機関、情報、公共の建物などにおける障害への配慮はその代表的なものでしょう。スマートホンなどの発達に見られるように、財の特性が、使い手に特殊な能力を要求しないような方向も進んでいます。

さらにこの「中間的ニーズ」における「適切な」とか「安全な」「十分な」とは誰がどのように判断するのでしょうか。ベーシック・ニードの客観・普遍性を強調していますが、そうだとしてもここにある表現は、かなりのところ曖昧で、結局のところニーズの操作的定義と似てきている感じもしますす。そもそも、病気や障害の判断も、専門家の判定ですよね。

この点についてドイヨルたちは、中間的ニーズの指標の適切性は常に疑問の余地があり、その体系化や経験によって裏付けられた知識の発展によって改良されていくような「反復的なもの」だから、問題はないのだと言い切っています（ibid: 168）。そもそも自律とか批判的自律を基本ニードとしたことからもわかるように、個人の自律性の成長や政治的参加、またその前提としての人びとの間のコミュニケーションの発展が、ニードの中間的な指標をも確かにしていく、というような前提があるのかもしれません。しかし、そのような、いわば合意によって確認される中間ニーズは、たとえば「母よ！殺すな」と叫んだ障害者たちの根源的ニードのような普遍性をもつのだろうか、という気もするのですが。

なお近年では、ハートレイ・ディーンがこれらのヒューマン・ニード論を吟味しながら、人間が本質的に必要とする「本質的ニード」と、観察や要求などによってボトムアップ的に構築される「解釈的ニード」の違い、また「厚いニード」と「薄いニード」とされているニードの量や程度に着目した議論を展開しています。ディーンはケイパビリティやドイヨルたちのニード論の個人主義的・自由主義的な限界を指摘し、ニードは社会的諸権利と人間の相互依存的文脈を構築していく基礎になるべきだと強調していますが、相互依存的文脈との具体的関連は十分追求されていません（ディーン 福士訳 二〇一二）。

5　ベーシック・ニードだけで社会福祉は語れない

社会問題の「個人へのずらし」としてのニード概念は、社会福祉にとっていつもキーワードとして扱われ、あたかも社会福祉＝ニードの充足という定式になっているような錯覚が存在します。確かに、少数者の特殊なニードを、人間の共通のニードから説明できれば、少なくとも、ニードの充足は「個人の損得」ではないということは明確になる可能性があります。また福祉国家の基礎にある、最低賃金や最低生活費などのミニマム保障の根拠もはっきりしそうです。さらに、自然財をこれ以上強欲に奪わないという観点から、経済そのものを見直す視点も無論重要です。ベーシック・ニード論がこのところ盛んになったのはそうしたことの要請があるからでしょう。

特に、社会福祉においては「最低限」という「底」の設定は重要なものです。しかも日本ではそれがあやふやなままきており、現代ではさらに「底なし」状態になりつつあるので、この意味で、ベーシック・ニードは重要な議論です。とはいえ、「十分な栄養のある食料や水」のような、簡単に合意できそうなニーズでも、先にフォーダーが指摘したように簡単ではないのです。ディーンはニーズの操作的定義をプラグマティックの一言で片付けていますが、本質的な議論が、その操作的定義をどう変えていけるかを明確には示していません。

また本質的議論は、ニードを社会的権利の基礎に据え、社会福祉のあらゆる規範をニードから展開することを展望する傾向にありますが、それは行き過ぎではないでしょうか。第1章で述べた福祉国家の諸制度やサービス、またそれらが存在するための社会規範は、ベーシック・ニードだけで説明できるものではありません。なぜかといえば、福祉国家段階で体系化された社会福祉の諸制度・サービスは、資本主義社会が生み出す多様な社会問題のコントロールをめざして行われてきた統治の一形態だからです。そこでは、自然資源も含めた資源の議論、社会福祉の資格付与の範囲の問題、分配原理としてのニードと他の要素（貢献など）の議論が多様に展開されてきました。

また、ベーシック・ニードの普遍性・絶対性を権利論の基礎として考えていくという方向については、人権論からの批判もあります。それは、ある人のベーシック・ニードの充足が他の人にどのような影響を与えるかという現実条件を無視できないからです（秋元 二〇〇八、四六頁）。たとえば先のドイヨルたちの中間的ニーズには「他者との重要で適切な関係」がありますし、マイケル・イグナティエフが述べるように、愛や尊敬はニードの重要な項目でもありえます（イグナティエフ 添谷・金田訳一九九九）。しかし、それらは特定の人間関係の中で醸成されるもので、たとえば法律によって強制することはできません。また秋元美世は、ニーズも含めて何らかの要求が人権や権利に転化するためには、そのAがある権利を有することと、それと同じ権利をB、Cなどが有することが矛盾なく両立すること（＝首尾一貫性テスト）と、Aが権利を有するとき、その権利内容は、他者であるB、Cなどが別に有している権利を不可逆的に犠牲にすることを命じるようなものではあってはならない（＝両立性テスト）の二つが一般に挙げられていると指摘しています（秋元 二〇〇八、四七頁）。さらに、たとえば近年の新型コロナの蔓延のような状況で、医療資源の限界がたえず意識されざるをえない場合、ある人びととの受診の機会の制限が行われることがありえます。この場合は資源の制約が、人びとの権利の両立を阻むわけですね。またベーシック・ニードの観点からは、無医村などはなくしていかねばならないわけですが、医療資源をどこまで拡大していけるかは難しい問題です。「能力に応じて働き、ニードに応じて受け取る」は、一つの理想ですが、今のところ、社会福祉はそこまでシンプルに設計されているわけではありません。

6　利用資格は何を意味するのか

社会福祉を「個人の福祉」としての側面から見る場合、ニード以前に、個人が社会福祉を利用できるかどうかの資格の問題が浮上します。先に述べた福祉国家の異なった制度やサービスにおいては、ニードの基準をクリアしても利用資格があるとは限らず、また利用資格とニード判定が同時に行われることもあるし、利用資格のみでニード判定はない場合もあります。

福祉国家の中核にある社会保険制度の場合は、保険料の拠出条件と受給条件（リスクの実現）によって給付の資格が与えられます。老齢年金の場合は、所得や資産が高い場合でも拠出条件と受給条件（年齢）が満たされていれば、年金給付がなされます。年金は、退職によって収入が途絶し、これの一部を補填して、貧困を予防するという名目で設計されていますが、実際に所得保障のニードがあるかどうかの判定はしません。障害年金では、障害程度の認定（ただし障害者手帳とは別の基準）が必要になります。

医療保険の場合は、医療機関における傷病の診断（医師による専門的判断）が受給条件（リスクの実現）となり、雇用保険（失業保険）の場合は、職業安定所（ハローワーク）による失業認定がリスク発現の認定となります。このためには、離職した会社から離職票を取得し、この離職票をもってハローワークに行き、求職の申し込みを行わなければなりません。これらの（リスクの実現）の判定は、あくまで制度が想定する標準的なニードを基礎に置いていますから、個人の特殊なニードまたはケイパビリティの保障という観点はありません。

社会扶助の場合は、保険のような拠出条件はありませんが、貧困であることを示す所得や資産調査が必要になっていきます。児童手当などの社会手当は社会扶助より広い対象を想定して設定されることが少なくありませんが、所得制限を置くかどうかがよく論争になります。日本でも、つい先頃、子ども手当の所得制限撤廃が「宣言」されました。所得制限をつけない場合を「普遍主義」、つける場合を「選別主義」と区別されることがありますが、前者は財源の大きさをどうするかという問題、後者は「選別」によるスティグマなどの問題が指摘されてきました。

少々厄介なのは、福祉国家のサービスです。義務教育などのようにサービスがむしろ義務の名目で強制される場合は、「平等」なサービスとして基本的には資格を問いません。また保育所、高齢者福祉サービス、障害者福祉サービスなども次第に所得制限を撤廃し、あらゆる市民へ開かれていっている体裁をとっています。が、たとえばケアできる家族の有無、世帯員の稼働状況などが条件化されることがあります。また、ニードの「重さ」でグレード付けして、利用者を制限することもよく行われています。日本では、要介護認定、障害等級認定、難病の範囲、薬害や公害の被害の範囲の認定に際しては、グレード付けされた範囲で資格が付与され、それに対応したサービス給付が行われるのが普通です。こうしたサービスについては、エスピン＝アンデルセンのいう「脱商品化」として、なるべくあれこれ条件をつけないで行う方向と、細かい条件を設定する場合とがあります。日本は明らかに後者ですね。

このような利用条件の設定は、もちろん資本主義社会の基本原理と関連しています。繰り返し述べているように、社会福祉は資本主義社会の内部で、その矛盾をできるだけ緩和していこうとするものなので、基本原理との正面からの対立を避ける傾向が生まれてきます。その最も大きなものは労働インセンティブを損なわない範囲に収めたいとする傾向です。たとえば労働市場に参加できる条件をもっているのに、社会福祉給付がそのインセンティブを弱めてしまうことがあってはならない、という観点からの利用者の選別があります。しばしば「稼働年齢」の範囲にある人びとが資格から外されやすいのは、このためです。また、この労働インセンティブは、法律などに明示されることもありますが、明示されていないのに、実際の取り扱いの現場で、この要素が現場裁量に影響を与えることもあります。社会福祉が、よく「弱者」のための仕組みだと考えられるのは、労働市場には参加できない人びとをその主な資格者としてきたためです。

ただし、近年の傾向としては、「稼働年齢層」を排除するのではなく、就業訓練や求職活動を条件として、失業給付や生活保護給付などがなされる傾向も強まっています。ワークフェアですね。また、保育所などのように、逆に「フルタイムで稼働している」ことが資格条件として最も優先度が高くなる場合もあります。これは、労働市場が女性労働力を必要とし、また社会が少子化などの流れを食い止めようとする場合は、社会福祉が労働インセンティブを高める方向へいくこともあることを示しています。似たようなことは、障害者の労働参加にもいえます。このように、労働インセンティブは資格からの排除の方向へいく場合と、逆に働く場合があります。社会福祉が所得保障や保護サービスを内容とする場合は前者に傾き、就労支援サービスとしての性格をもつ場合は後者の方向を取りやすいといえるかもしれません。

もう一つは、家族の相互扶助への配慮です。社会福祉は、その歴史の初期段階では、家族の扶助やケアが期待できない人へ向けられてきました。福祉国家の発展は、家族のライフサイクルにおける貧困の発現やケアの問題などを基盤としているので、家族がいたからといって資格がないことにはならない制度もたくさんあります。しかし、家族の所得を合わせた世帯所得や、ケアラーの存在を資格判定の要素とする場合も少なくありません。これは福祉国家のタイプとも関連しており、日本は家族や世帯を重視する傾向が強いタイプといえます。たとえば日本の生活保護は、「世帯単位」を原則としているので、世帯のすべての所得が収入認定の対象となります。また同居していなくとも、民法で定めている扶養範囲にまで援助可能かどうかの「照会」がいくので、この面で利用を諦めてしまう人は少なくありません。課税は個人ベースにもかかわらず、非課税世帯という、よく使われる低所得世帯の指標も、世帯のすべてが非課税であることを要件としてしまいます。それは世帯内で家族が扶養し合うことを前提としているからです。

さらに、医療、介護、社会福祉サービスの利用資格を決める場合、当該サービスの資源的な制約から、利用資格の条件が厳しくなることがあります。保育所への需要が高まっているのに、保育所が足りなくて、いわゆる「待機児童」が発生するような状況にあるとすると、「公平性」の観点から、親の就労、家族のケアの担い手などを細かく点数化して、点数の高い児童から利用できるようにするなどがその例です。これは近年の日本で子育て中の親たちの顰蹙《ひんしゅく》を買ったことで知られています。

また、介護サービスなどでは、最初から介護ニーズを「要介護度」という「重さ」で序列化してしまうこともあります。障害等級というのも同じ考えですね。日本の身体障害の認定は、身体の器官・システムの機能や構造が損傷している程度を物差しとしてきたので、社会的なハンディキャップは反映されていませんし、それによるニーズの発生と関連づけられているわけではありません。序列化は、サービスや貨幣給付の範囲を、かなりのところ自在に緩めたり、縮めたりすることを可能にします。

7　シティズンシップと「越境する人びと」

一般に、これらの資格要件の前提に、国民である、一定地域の住民である、といったメンバーシップの確認があります。第1章で、個人の自由と平等という「タテマエ」が「権利」として存在していることを述べましたが、イギリスの社会学者T・H・マーシャルは、このような「権利」付与の基礎として、シティズンシップ（市民資格）という概念を持ち出しました。すなわち、マーシャルによれば、シティズンシップとは、「コミュニティの完全な成員である人々に与えられる地位（status）である。その地位を所有するすべての人々は、その地位に与えられる権利と義務に関して平等である」（マーシャル　岡田・森定訳　一九九八、九八頁）。近代国民国家を前提とすれば、コミュニティの完全な成員とは、国民であるといってもよいわけですが、わざわざシティズンシップなどという言葉を持ち出したのは、労働者の生活が改善されるだけでなく、自立心や人間らしい自尊心をもったジェントルマンになるという理想を追求した経済学者のアルフレッド・マーシャルに由来しているそうです。このジェントルマンを「文明化された」という言葉に置き換えると、権利とともに義務をもわきまえた、市民資格概念が浮かび上がってきます。マーシャルによれば、このシティズンシップは、資本主義の興隆とともに発達したものであり、公民的シティズンシップ、政治的シティズンシップ、社会的シティズンシップの三つに分けました。

もちろん資本主義は、かつての身分制度とは異なるものの、資本家階級と労働者階級という新たな階級対立と大きな不平等を生み出しており、「オモテ看板」だけで見ることができないことは、第1章で見たとおりです。マーシャルも、シティズンシップとしての平等と資本主義の不平等の両者が、つまり平等のシステムと不平等のシステムが同じ土壌で成長してきたと指摘しています。しかし二〇世紀になって、福祉国家の諸制度が発達すると、資本主義の極端な不平等を貫くことは困難になったと結論づけています（同上、一三四―三五頁）。その理由は、①所得再分配によって、不平等の両極端が圧縮されたこと、②保健や教育などの社会サービスや住宅政策の拡大が実質的生活水準の上昇に寄与し、労働者の文明水準を改善し、市民の共通の文化と経験の領域が拡大したこと、③なかでも教育サービスの効果は、より高い教育によって獲得した職業と結びつくことによって、新たな「地位身分」として正当化され、この面から資本主義の不平等を緩和させることができた、というわけです。

このように、シティズンシップ概念は、コミュニティの完全な成員である人びとに与えられる地位とその地位に対して与えられる平等な権利・義務なので、一見完全平等のメンバーシップというイメージがありますが、マーシャルは、ある種の階層化された地位身分の体系があるとも述べています。たとえば、より高い教育を受け、それによって就くことができた職業の高い収入は、ある程度合理化できる、というような。そのような階層化は、固定されたかつての身分制度とは違うという意味で、よしとするわけです。

なお、これまでも述べてきたように、労働者階級は集団的に彼らのニーズや権利を要求し、今日ではそれらの基本的なものが認められるようになっています。これをマーシャルは「産業的シティズンシップに含まれる地位身分の権利」と呼びました。労働者の賃金や労働条件は、労使の交渉だけでなく、労働組合や政府の介入によって、つまり「権力システムの内側」で政府と労使の交渉で決められるようになっています。マーシャルによれば、「労働組合運動は一種の二次的な産業的市民資格を作り出し」たのであり、シティズンシップ一般の中に、やや異質な集合的シティズンシップを形成しているとみなしていました。日本でいうと、企業的シティズンシップかもしれませんね。社会保険がこれを基盤に組織されることもあり、個人としてのメンバーシップに上乗せされた、やや有利な地位身分といえるかもしれません。それは、これが資本主義の階級対立を基礎に形成されたものだからでしょう。

しかし、もちろん福祉国家とシティズンシップの発達が、不平等を本当に緩和させたのかという点は、実証されなくてはなりません。またシティズンシップに基づく「国民統合」の議論に対しては、むろん多くの批判があります。すでに述べたように、シティズンシップはその発想のもとになったジェントルマンから想起できるように、成人男性が基礎となっていますから、国民の中でも女性や子どもの「地位身分」の問題がすっぽり抜けていたわけで、この点は繰り返しフェミニズムからの批判の的になっていきます。さらに、国民国家と移民や難民、あるいは外国人労働者などの「越境する人びと」の問題があります。

資本主義の経済活動は、一国内に限定されるものではなく、本来的にグローバルなものです。したがってその活動は国境を越え、商品、資本の輸出入、国際的な金融市場の生成とともに、人の移動・移住も盛んに行われてきました。他方で、国民国家は排他的領土権と主権によって特徴づけられますので、グローバルな経済活動は対立するように見えますが、国家もまたこの経済競争を梃子として領土拡大をねらい、あるいはグローバル市場での主導権をめぐる熾烈な競争をオーソライズし、そのインフラを作り出す一つの主役であり続けてきました。近年日本でも、経済安全保障がクローズアップされていますが、国家安全保障上の課題と結びつけて、産業政策としての特定分野における研究開発・設備投資の支援に加え、輸出管理や投資審査、政府調達などの対外政策を通じた重要技術や基幹インフラなどの保護がなされるわけです。またグローバルな経済活動が国家間の対立からブロック化されることもあります。こうした国家と経済が複雑に絡み合った国際環境を視野に入れると、福祉国家のシティズンシップ概念は、マーシャルのいうような単純なものではないといえるでしょう。

第二次世界大戦後に福祉国家の途を歩もうとした多くの先進諸国は、旧植民地の人びとを国民とするのか／しないのか、特別待遇をするのか／しないのか、の選択をまず迫られました。それは国によって異なりました。そもそも国民の定義も、父または母が当該国の国民、生まれた場所が当該国の領土内のいずれか、またその両方を要件とするなど多様です。旧植民地の人びとの取り扱いも、日本やフランスなどのように、国籍から除外したものもあれば、国籍に加えて、連邦の国民であれば適用されるコモンウェルス市民権の概念を導入したイギリスのような例もありました（日野原 二〇一九、三一頁）。移民国家ともいわれるアメリカ合衆国では、生まれなどの既存の「地位」（生得権）に基づくもの以外に、後から市民権を取得する「達成された地位」のルートが強調されてきましたが、後者は人びとの社会への義務や貢献によって獲得されるものです。マイケル・カッツは「どのようにメンバーシップを区切るのか、どうやってシティズンシップの境界を引くのかは、揺れ動く歴史の中でいつも問題だった」と述べ、だから「排除と包摂によって定義されるシティズンシップ自体が境界なのだ」（Katz 2008: 345）とも表現しています。

さらに、ガーランドの福祉国家のver2, 3について紹介したように、一九七〇年代頃より始まった福祉国家の困難は、より大きなグローバリゼーションの進展を背景としていました。一九九〇年前後の東欧やソ連などの社会主義国の崩壊はそれを加速させ、世界経済全体が一つの経済圏に統合されつつあるような、雰囲気が生まれました。この中で、「越境する人びと」はさらに増大していきましたが、ここでは完全な市民としての地位があるかないかだけでなく、非市民にも福祉国家の権利が一部与えられるような地位のグレード化が生まれています。よく、移民と外国人労働者（一時的滞在）の区別がなされますが、その境界は揺れ動きます。また、難民やオーバーステイなどの分類も国により時代により変化していきます。つまり同じ国で暮らしている人間のメンバーシップとしての地位も、多様なわけですね。

この場合、注目しておきたいのは、「タテマエ」としての国籍保有者であっても、そのメンバーシップとしての「地位」が周縁に追いやられるということがありえることです。たとえば一九八〇年代のフランスでは、移民二世、三世にあたる若者の長期失業状態や、郊外の移民者用団地で繰り返された「暴動事件」が注目され、社会的排除という概念が提起されました。同じような事件は二〇二三年にも起こっていますから、なかなか問題の根は深そうです。フランス国籍は血統主義ではないので、フランスで生まれた移民二世、三世はフランス国籍者だったわけですが、そのような地位の平等は資本主義の不平等をまったく修正できなかったわけですね。ここではマーシャルが楽観視したような、資本主義社会の不平等を福祉国家が緩和するのではなく、移民二世、三世という「ホンネ」のカテゴリー化や移民用の住宅団地が資本主義社会の不平等の最も下位に押しやられた人びとの「排除」を象徴していることに注意してください。

もう一つ例を出しておきましょう。戦後コモンウェルス市民権を導入した英連邦では一九四六年から七〇年までの間、労働力不足を補うために、イギリス本国からおよそ四三〇〇人の児童をコモンウェルスの児童として、オーストラリア、ニュージーランド、カナダなどへ送りました。ローデシアの場合は、白人支配を維持する手段だったともいわれています。いずれも、子どもが親の同意もなく家族と切り離され、出生証明書も持たずに送り出されたこと、受け入れ先で十分な教育を受けなかったばかりか、性的虐待を含む過酷な状況（奴隷労働）で暮らしたことなどが、一九八〇年代にイギリスの一人の女性ソーシャルワーカーによって明らかにされました。[*5] 児童移住計画と称され、救世軍やバーナードホームなど著名な福祉団体が関与したことでも、イギリス福祉国家の最大のスキャンダルといわれました。テレビドキュメンタリーや映画になりましたので、ご存じの方もいらっしゃるかもしれません。とんでもない福祉国家の出発の一面だったわけですね。しかもコモンウェルス市民権の「タテマエ」の下で。

もちろん、グローバリゼーションの中で欧州連合（EU）のような政治・経済の連合体が形成されると、その域内での人の流れの自由度は増します。国民とは別のEU市民権のような地位が生まれ、シティズンシップは二重になっていきます。トム・ボットモアは、国民国家の提供する形式的シティズンシップは、国民のアイデンティティ欲求を満たし、その統合を強めるだろうが、二重シティズンシップは、「ある特定の国に住み、働き、あるいは退職する人びとすべてに認められるようになっている」のだから、二重シティズンシップが、特定国への愛着を次第に弱めていくかもしれない、と述べています（マーシャル／ボットモア 岩崎・中村訳 一九九三、一九〇-九一頁）。こうした国民国家を超える動きは、多様な国際機関による介入なども含めて、特定国のシティズンシップだけではなく、普遍的人間の権利を際立たせていく可能性があります。先に述べたような普遍的なニード論も、これに連動しているといえるかもしれません。ただし、現実はそれほど単純でなく、国際的なつながりが大きくなればなるほど、ナショナリズムや民族主義もまた強まっていく傾向があることは、最近の世界状況を見れば納得することでしょう。こうして、シティズンシップにおける平等な地位に与えられる権利と義務という「形式」は、グローバリゼーションの中で人間一般の権利と義務に近づきながら、簡単にはそうならないで、福祉国家の地位の階層化を深めていっているように見えます。

第 5 章

社会福祉を社会へ組み入れるための形式

──「特別枠の福祉」と「普通枠の福祉」──

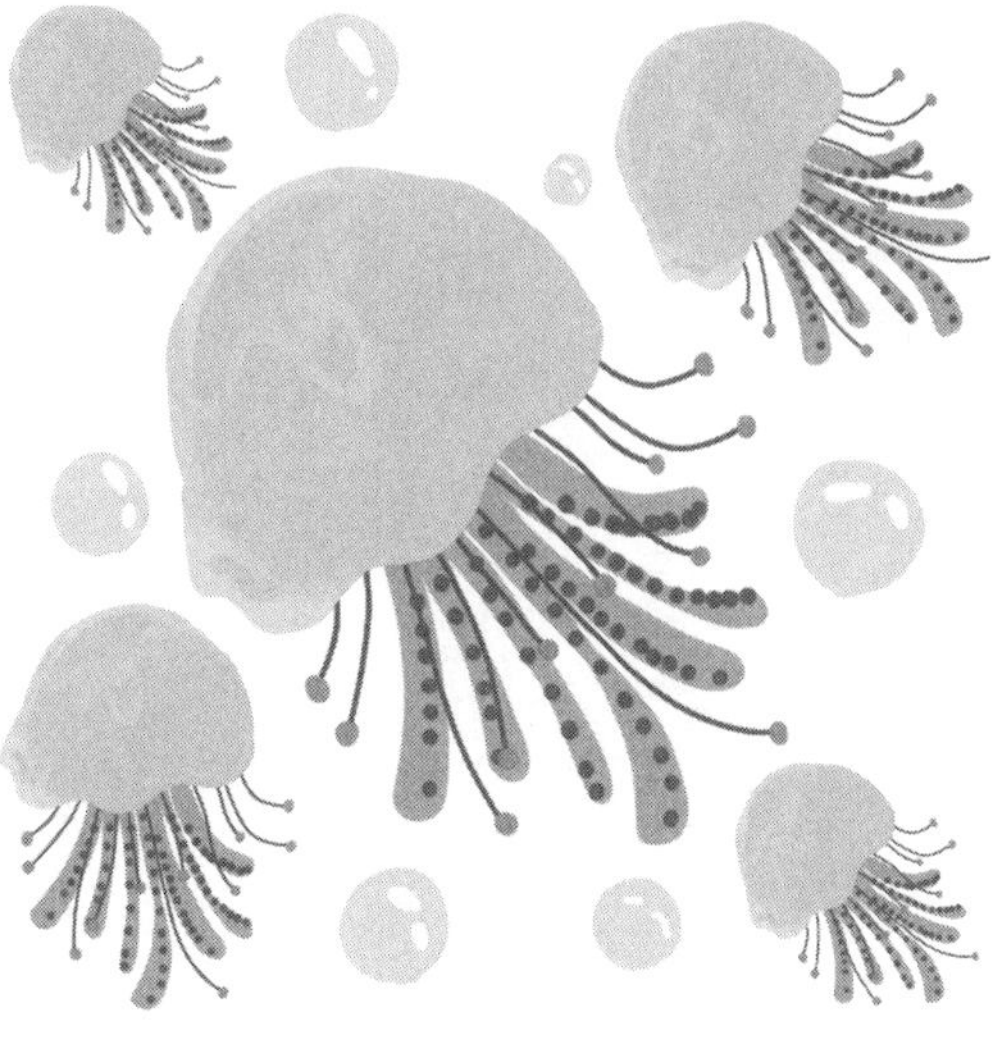

こうして、社会福祉は、国民国家の社会統合の手段として、暴れ回る資本主義を部分的にコントロールするものとして現れますが、同時に、個人のニードを充足させるものとしても機能し、それによって資本主義の不平等を和らげることが期待されてきました。しかし、不平等が緩和されたという証拠は明確ではなく、むしろ不平等がグローバリゼーションの中で拡大しているともいえます。

ところで、社会福祉と一口にいっても、先のガーランドのいうように、それは福祉複合体であって、多様な社会福祉事業が、多様な手法で存在しています。先に、福祉国家の具体的な事業は、いくつかの異なった「集合」体を作り、それらの事業集合は、社会空間において同じ「トポス（場所）」にあるのではなく、実は異なった「トポス（場所）」に置かれているという見方を示しました。ここではそれをすでに触れたような「特別枠の福祉」と「普通枠の福祉」という概念で分類してみたいと思います。この意味は、ある社会福祉の事業を社会に組み込むとき、一般社会の中に福祉という「特別枠」を作る方法と、一般社会の中の通常のサービスの一部として溶け込ませてしまう方法があるということです。この一般社会とは、繰り返し述べているような、近代資本主義社会の規範を基礎とした社会で、市場での「自助」と小さな家族共同体での「互助」が基本形となります。もちろん「特別枠」と「普通枠」は固定的なものではなく、「特別枠」→「普通枠」というような「進化」も、またその逆もありえます。

1　特定カテゴリーの人びとへの「特別枠」が社会福祉の原型

歴史的に見ると、社会福祉はある人びとを、一般社会においては「問題視」される特定カテゴリーとして認識し、それらの人びとへの「特別枠」の福祉を展開してきたという事実があります。その代表例の一つは、社会福祉の源流ともいえる救貧政策でしょう。すでに近代社会の過渡期から、土地から切り離されて浮浪したり物乞いする「貧しい人びと」、家族から捨てられてしまったような子どもや高齢者、病人や障害者、犯罪、売春などに関わる人びとへ「特別枠」で生活手段を給付する、あるいは労働を強制するという救貧政策が出現していきます。近代社会が確立していくと、さらに市場での自助と小家族の互助の組み合わせという基本原則、つまりすでに見てきた自助規範ですが、これを歪めずに、社会問題の処理をしようとする傾向が強くなっていきます。ヨーロッパの救貧政策の特徴は、施設収容と労働の強制を基本としたところにありますが、イギリスの新救貧法（一八三四年）の院内収容主義原則、つまり「労働の家」（ワークハウス）へ収容する原則が有名ですね。

もちろん、この院内収容原則の強化より以前から、ヨーロッパ中で、「労働の家」や「懲治院」（House of Correction）といわれる矯正施設、あるいは施療院やハンセン病の収容所などが展開されていました。他方、孤児や捨て子は、徒弟奉公に出すなど労働を通して援助する原則が早くから貫かれており、やがて資本主義の工場労働へ送り込まれることになっていきます。

ポーランドの歴史家ブロニスワフ・ゲレメクは、こうしたヨーロッパ近代初期の救貧政策は、中世の貧困への社会の態度を引き継いでいると指摘しています（ゲレメク 早坂訳 一九九三）。中世において貧困は、それが身分制度の内部で生じている場合は、その共同体での相互扶助＝「共助」の対象となりますが、そこから溢れ出て、浮浪、乞食などの状態になると、社会全体の問題となっていきます。社会は、こうした貧困を、キリスト教による「聖なるもの」として崇拝の対象とするかと思えば、追放迫害の対象とし、施しの対象であると同時に、縛首の対象とする、というような両極端を揺れ動きます。たえず「良い乞食」か「悪い乞食」かが問われ続け、その中で、「よそ者」は排除する一方で、身分制度の末端にいわゆる「賤民」層を形成したり、乞食に鑑札を与えて、一つの身分にする、というような身分制度への組み込みも試みられていきます。近代への移行過程で大量の貧民が農村にも都市にも出現するに及んで、こうした中世社会の内部への位置づけは困難になっていったので、救貧政策が拡大していったわけですが、そこでの救済は、施設といういわば社会の「外部」に配置された空間を基本として、労働の強制を伴って行われることになりました。これは今述べたような救済と処罰の間を揺れ動く中世的な社会の態度を引きずっているとゲレメクは述べています。

このヨーロッパの救貧政策はアメリカ合衆国などへも移植されていきますが、日本の場合、施設収容原則はとられず、また救貧法の本格的採用も先送りにされました。この点は、今日の地域福祉などを考える場合に大事な点です。日本は「浮浪者収容施設」も計画されたのに頓挫し、救貧法も何度か議会に上程されながら成立しませんでした。施設収容にしなかったのは、日本が「家族という美風」

を大事にしたからだと説明されていますが、もちろん一番の理由は、大規模施設を作って運営するほどのお金がなかったからです。また日本の資本主義が旧体制を半ば温存した結果、貧困者や病人を農村の相互扶助へ委ねることができたからだともいえましょう。だから、日本における救貧は、古代律令制を起源とするとされている鰥寡孤独廃疾《かんかこどくはいしち》*6の範囲に限定されてきたわけです。

戦前に設立された日本の社会福祉施設は、東京養育院などを除くと規模が小さく、また養育院も財政問題で頻繁に経営主体を変化させざるをえませんでした。一つの例外は、ハンセン病収容所ですが、これだけは全国に展開され、徹底的な強制収容が実施されました。ハンセン病への誤った認識と公衆衛生行政の拡大が、そうした例外を作ったのかもしれません。

今日の生活保護などの社会扶助は、救貧政策を払拭して、福祉国家の中の生活保障の一つとして配置し直されたものですが、この源流の記憶を相当にとどめています。どこの国でも、社会扶助へのスティグマは強く、今日でも「本当に貧しい人びと」の選別が的確になされているかが常に問題になっています。この「本当に貧しい人びと」というカテゴリーとそれによる選別の主張に、「良い乞食／悪い乞食」「援助に値する貧民／値しない貧民」といった、貧民への伝統的態度の継続を見ることができます。また戦後の日本の社会福祉の転換の象徴となった新生活保護法に、家族扶養を優先するという条項が入っているのも、源流の強い記憶ですね。なお、日本の生活保護制度のホームレス状態の人びとへの対応は、特別枠の中のさらに特別枠です。東京、大阪などは今でも施設収容を基本としたり、福祉事務所の「裏側」に専用窓口を作ったりしてきました。これは英米でも同様で、たとえばイギリスでは、福祉国家になっても浮浪者の定義は変化せず、救貧法を廃止してできた国民扶助法の下で金銭給付とサービス給付は分離されたのにもかかわらず、特に独身の男性ホームレスへは、救貧法時代に作られた浮浪者収容施設が提供され続けたと批判されています（Beresford 2016: 111）。

「特別枠」を「特殊（別）」と直裁に示した例は、「特殊（別）学校」の系譜でしょう。義務教育サービスを社会福祉サービスと位置づけるかどうかは議論があるところだと思いますが、労働市場の要請に沿える労働者、自助自立できる市民の基礎を作るのは教育ですから、近代国民国家にとっても、福祉国家にとっても公教育制度は、格別に重要なものでした。むろん先に述べたシティズンシップという市民資格の内実とも関わっています。しかし、こうした一般の教育サービスがすべての子どもに対応したわけではありません。日本の義務教育制度でいえば「就学猶予・免除」という手で保護者の義務が解かれ、一部の子どもたちが学校教育から排除されました。「特殊（別）学校」は、こうした普通学校から排除される子どもたちへの「特別枠」として展開されてきました。欧米でも特殊学校（special school）とネーミングされているようですが、現在の日本で特別支援学校（特殊学校を改称）と呼ばれているものは、障害や疾病などによって一般教育サービスでは対応し難い子どもたちを対象とする「特別枠」の学校や学級を意味します。

特殊の意味は、文部科学省によれば、障害の種類や程度に応じた方法や機材を使った、特別の教育ということになりますが、普通教育内容の特別化だけでなく、特殊な職業教育も含みました。先行した盲学校などの職業教育は、中世以降の視覚障害者の職能集団（ギルド）の存在が前提にあったといえます。また全寮制を原則としてきましたので、寄宿舎という空間での生活訓練も付加されていました。これは通学困難とか、人数が少ないため、広範囲から生徒を集める必要があるなどの理由からですが、これらの学校が、民間の慈善事業などのイニシアチブによって展開されてきた前史とも関係があるかもしれません。いずれにせよ、「特殊（別）」学校は、社会福祉と教育の狭間で社会に組み込まれた「特別」な存在といえます。

なお日本の場合、養護学校の義務化が実施された一九七九年以降、就学免除者は減少していますが、義務化をめぐっては、賛成論と反対論の論争が巻き起こりました。賛成論は、教育方法の特殊性による子どもの発達の効果に期待し、反対論は障害の有無で子どもが分断されるべきではなく、あくまで「普通学校」の中で教育されるべきだという主張でした。現在文部科学省は、特別支援教育として、「特別支援学校」「特別支援学級」「通級（普通学級に籍はあり、同時に障害に応じた個別教育）」「普通学級」というラインナップで、両者をなんとか「統合」しようと努力中と見受けられますが、普通教育への一般化はなかなか困難なようです。

先に述べたように、「特殊（別）学校」はどこの国でも、主に慈善事業のイニシアチブで発展していきましたが、それは教育サービスが広く貧困対策事業の一部であったからでしょう。したがって「特別枠」の教育サービスは、障害や疾病の子どもたちだけでなく、孤児や貧困家庭の子どもへの対応としても存在しました。ヨーロッパでは貧民学校とか「ボロ学校（ラグド・スクール）」などの系譜です。「ボロ学校」は一九世紀前半にイギリスで始められたものですが、ここに通う子どもたちは不潔で病気がちだから他の子と一緒にできないとされたと、サラ・ワイズは記述しています（ワイズ　栗原訳　二〇一八、二三一-三二頁）。このラグド・スクールにおいて、そこに混じる「肢体不自由児」向け教育が開始されます（眞城　二〇一〇）。日本でも知的障害児教育のパイオニアとして知られる滝川学園を創設した石井亮一は震災孤児救済の中で、そこに知的障害児がいたことから、教育を始めたことはよく知られています。貧困問題と障害や疾病の問題などはオーバーラップしていたわけですが、その中から「分類」「専門化」が進んでいくことになります。近代化の一側面ですね。

イギリスでは一八七〇年に義務教育令が出ますが、公立学校のほか、英国国教会の学校や先のラグド・スクールなども併存し続けました。「普通」と「特別」の併存です。日本では明治の小学校令の中に、修業年限を短縮した小学簡易科を位置づけ、地方政府の負担で無償の教育を提供していた時期があります。これを貧民学校と呼んでいました。このほか、子守学校（学級）、夜間学校、スラム地区での特別学級の実践なども一般義務教育が吸収できなかった層への「特別枠」の教育事業と考えられます。

2　「選別主義」への「普遍主義」という対抗

福祉国家段階になると、救貧法的な「特別枠」ではなく、なるべく多くの市民がその対象となる「普通枠」が模索される方向を辿ります。それが福祉国家としての国民統合にとって意味のある問題解決の手法だと考えられたからでしょう。先のガーランドの福祉国家複合体のうち、社会保険は、個人のリスクとは無関係に多くの人びとを強制加入させて、所得維持やサービスの給付を行うようになりますから、社会保険の加入・利用は「普通」のことになります。これに対して、無拠出の社会扶助は、すでに述べたように救貧的色彩＝「特別枠」を払拭しきれないところがあります。それはこれが所得や資産に制限を設けた選別的な制度だからです。ここでは「本当に必要な人」の選別が伴い、その要件を厳しくすればするほど、「特別枠」の制度らしくなっていきます。もちろん、選別の条件を緩めて、たとえば所得調査程度にすると「普通」っぽくなっていく、というようなバリエーションがあります。イギリスの例では、戦後救貧法を廃止して作られた国民扶助法は、日本の生活保護と同様、カテゴリー別ではない一般扶助であり、福祉国家の中心にある「普通枠」の社会保険に対してごく小さなものになるだろうと期待されましたが、実際は少ない年金給付などを補完するものとして、その役割はむしろ大きくなったといわれました。一九六〇年代に福祉国家にもかかわらず貧困が大きくなっていることが「再発見」され、特に有子家庭の貧困と、国民扶助の資格がありながら受けようとしない人びとが多いこと（捕捉率の低さ）が批判されました。そこで、一九六六年に国民扶助は各種社会保険の補足給付として衣替えされました。つまり扶助は「普通枠」の保険の補足という位置を獲得することによって、その選別性を弱め、形式的ではありますが、受給権を明確にして、捕捉率を高めようとしたといわれています（星野 一九八五、二八二頁）。

日本では生活保護はこのイギリスの国民扶助時代のままの制度が維持されており、しかも選別要件が厳しく、いかにも「全体的貧困層」への対応のような設計になっています。このため、保護基準ではなく住民税の非課税世帯という基準で低所得層を救済することがよくあります。たとえば新型コロナ等で生活福祉貸付金を利用した世帯の返済を非課税世帯については猶予するとか免除するというような使い方です。この場合、生活保護の選別の仕方と、住民税非課税基準での選別の仕方は異なります。また後者は一般の税制度を使っているので「普通」っぽくなっているように見え、生活保護ほどのスティグマはつきにくいかもしれません。

すでに述べましたが、児童手当のような社会手当を設計する場合も、子どものいる世帯全体へ手当を支給すると「普遍主義」となり、所得制限のようなミーンズテストを入れると「選別主義」となります。日本では、二〇一〇年に当時の民主党政権が「子ども手当」を導入する際と、二三年の「異次元の少子化対策」をめぐる議論の中で、所得制限の是非の議論が高まっています。実は、この普遍主義対選別主義の論争は、すぐ前で述べた「貧困の再発見」がなされた一九六〇年代半ばのイギリスの家族手当や税制上の児童扶養控除をめぐる議論においてなされました。そこでは、貧困家庭が問題であるという認識は共有されており、決して子持ち世帯が皆困っているからとか少子化対策というものではありませんでした。あくまで所得保障の手法として、子どもがいる全部の家族へ給付するか、所得制限によって選別するかが問われたのです。日本の議論では、どうしても「ニードがある」ことに主眼が置かれてしまいますが、そうではなくて、ニードがない家庭にも支給してしまう、という手法が普遍主義なのですね。

では、なぜそういう手法にメリットがあるかというと、①給付される家族にスティグマが生じにくい、②したがって、ターゲットである貧困層をキャッチできる確率が高くなり、貧困家庭のニーズに対応できるからだと主張されました。③もし少子化が理由となれば、社会全体に関わる問題なので、普遍主義は賛同を得やすくなります。他方で普遍主義は財源の膨張というデメリットをもちます。イギリスでもこの点が論争され、結局税制度における児童扶養控除を減額して、それを財源とする「むしり戻し（claw back）」で決着を見ました。つまり、税制度も控除のような形で再分配機能をもっているので、社会保障と一般税制度の調整で財源を節約しようとしたわけですね。実際は、税制における課税最低限基準が低下させられたため、必ずしも十分な効果をあげることができず、結局イギリスでは、一九七七年から所得制限のない非課税の児童手当制度に転換し、また、扶養控除は七九年には完全に廃止させています（星野 一九八五）。

なお、日本の二〇二〇年の「子ども手当」はゼロ歳から中学卒業までの子ども全員を対象とした普遍主義を採用しました。他方で、税制における扶養控除のうち年少扶養控除を廃止したので、一種の「むしり戻し」をしたことになります。しかしその後「子ども手当」は廃止され、児童手当に戻って、所得制限が導入されたので、制限によって手当のない世帯からは、年少扶養控除も復活すべきだという声が上がっています。

このように選別主義から普遍主義へという流れは、社会保障における保険と扶助、また社会保障と一般税制度の関係を問うものとなりました。ここから、社会福祉を特別な形で設計するのではなく、たとえば負の所得税、さらにはベーシック・インカムというような、普遍的な形態にすべきとの提案も生まれていきます。負の所得税は、アメリカの経済学者ミルトン・フリードマンによって提案されたもので、あれこれの福祉給付よりシンプルで、勤労意欲を削がないものとして、税制度に給付をドッキングするというデザインを示しました。つまり、一定以上の所得に一律の割合で課税する一方、非課税の場合は負の所得税＝政府による給付を行うという仕組みです。ここでは所得の十分な捕捉、課税最低限＝最低生活費の設定、税率の設定が重要な要素となります。「普遍枠」の税制度につなぐというアイディアですから、スティグマはとても小さくなります。もちろんフリードマンは、新自由主義の立場から、福祉国家の肥大化した各種給付を、このドッキングによってやめるべきと考えていたわけですが、実際には、勤労者世帯に対する給付付き税額控除とか、タックス・クレジットと呼ばれる制度化に止まり、フリードマンが考えたような福祉給付をこれ一本でというまでには至っていません。

他方でベーシック・インカム（ＢＩ）という言葉を聞かれたことがあると思いますが、これは全国民に一定の所得をあらかじめ配分してしまうという、より社会主義的な方法です。ＢＩは税制度利用やその前提としての所得の捕捉を不要とするので、普遍主義の性格は最強になります。しかし、いくらがベーシックなのか、それで他の給付は不要になるのか、その財源はどうするのかなどの問題点があります。ベーシック・インカムではなく、ベーシック・サービスをという意見もあります。

なお普遍主義にした場合の財源問題ですが、日本の少子化対策でも話題になっているように、税だけでなく、社会保険料の利用などが提案されることがあります。伝統的な保険と扶助という枠組みを超えて、財源調達の手法として、税と保険料を近づけていこうという動きですね。すでにスウェーデンやオランダでは、社会保険料を所得税の徴収一元化や税制における所得控除の廃止または縮小などの「制度の統合」が行われています。もっとも、日本では国民皆保険・皆年金体制自体が、多額の税の投入で成り立ってきたわけですし、また厚生年金における三号被保険者の取り扱いも、配偶者が加入している厚生年金の財源から一括して国民年金に支払われるというような保険料の租税的使い方がなされてきています。さらに最近では、社会保障の「財政調整」として、「支援金」という名前で健康保険から高齢者や国保の医療費への繰入れがなされているので、社会保険の「租税化」はなし崩し的に進んできたともいえますね。つまり、教科書的な保険と税の区別は、かなりのところ揺らいでしまっているといえます。もちろん、非正規雇用の拡大も社会保険の基盤を不安定にさせています。ともあれ、普遍主義の流れは、結局社会福祉の財政として、税制度と社会保険との根本的な調整を不可避としていくことになるでしょう。

3　福祉サービスと普遍主義
――ノーマライゼーションとパーソナル・ソーシャルサービス

普遍主義のもう一つの流れは、福祉サービスの「特別枠」を突破して、「普通の生活」に基づいて福祉サービスを給付するという方向です。この方向を示唆したものとして、有名なノーマライゼーション概念があります。

ノーマライゼーション概念は、北欧において大規模隔離施設に収容されていた知的障害（精神遅滞）者の生活を「通常の暮らしに近づける」方向で改善していこうとする際の諸原則に端を発したものとして知られています。先に述べたような「特定カテゴリー」の人びとへの「特別枠」の社会福祉としての収容施設が「問題化」されたのです。ただし、この概念は北欧で生まれたときには、施設の否定ではなく、施設サービスのノーマル化（小規模化、家庭化）がまずめざされたといわれています。特に第二次世界大戦前には、「健常社会を精神遅滞遺伝子から守る」という社会防衛的な目的をもった、隔離型の大規模施設が存在したので、それが批判されていきます。このように、初期ノーマライゼーション概念は、施設改良という意味での「普通化」をめざしたものでした。他方で、このノーマライゼーション概念が、米英などにおける「脱施設化」や自立生活運動の流れと合流し、施設の否定＝地域での自立生活を意味するものとしても使われていくようになります。ここでは施設収容という「特別枠」への批判を内包するようになっていきます。杉野昭博によれば、日本では「施設改良」と「脱施設化」という二つの立場に加えて、その折衷として、在宅福祉と施設福祉を有機的に統合したサービス体系としての「地域福祉」がノーマライゼーションだという理解もあると述べています（杉野 一九九二、一八九頁）。「地域福祉」については、後で詳しく議論したいと思います。このようにノーマライゼーション概念は、施設をどう見るかによって多義的であり、ノーマルの意味も一定していません。しかもこの「ノーマル化」を促されるのは障害者の側であって、社会ではないというニュアンスも強いため、批判されることも少なくありません。

先にも述べたように、日本では大型施設はほとんどなかったので、戦後はむしろ大規模コロニー建設が盛んになりました。障害のある子どもたちが終生暮らしていける場を求めた親たちの運動の成果ともいえます。一九六八年の国立コロニーの建設が象徴的ですが、民間も含めた多くのコロニーが建設されました。その意味で日本では、障害者サービスのノーマライゼーションより、彼らの「生きていく場所」の確保が優先されたことになります。第1章で述べた障害者の自立生活運動などによる批判や、一九八一年からの国際障害年の影響もあって、コロニーではなく「地域移行」が、それ以降の政策の中心になっていきます。施設は、障害者の身近に小規模のものを分散的に整備するという方向です。杉野のいう折衷型ノーマライゼーションへの転換が促されたといえるかもしれません。

しかし、先に述べた特殊教育と一般教育の折り合いなどの議論にも見えるように、一方で障害種別や程度を考慮した「特殊化」に意味を見出す親も少なくありません。最近、少子化政策の一環として「こども誰でも通園制度」が打ち出され、これまでのような「保育に欠けた」という条件なしに、三歳未満の子どもの保育所利用を拡大する試みが始まりました。この中に障害のある子どもが通う児童発達支援事業も含まれ、インクルージョン（包摂）が進むと称賛されましたが、親たちからすれば、障害児支援に特化した施設への、健常児による侵略行為との批判も起きたそうです[*7]。なかなか難しい問題です。

さて、以上のノーマライゼーションとは別に、第4章で述べた三浦文夫らの「対人福祉サービス」

への二ードの拡大を福祉サービスの普遍化とする見方もあります。第2章で見てきたように、福祉国家は多様な手法による多様な「場所」をもって構成されてきましたが、そのうちソーシャルサービスといわれるものを、ガーランドは主に二つに分類していましたね。一つは、教育、ヘルスケア、子どものケア、公園、図書館、美術館や博物館、低廉な住宅など「脱商品化した解決策」としての「普通枠」の社会サービスです。もう一つは、ソーシャルワークとパーソナル・ソーシャルサービスで、何かしらの機能不全に陥っている個人や家族に対する応答、迷路のような制度利用のガイド、あるいは代弁者と表現していました。三浦らの使った「対人福祉サービス」とは、後者のパーソナル・ソーシャルサービスの訳語です。この訳語をめぐっては、星野信也による批判がありますが（星野 一九八五）、原語のパーソナル・ソーシャルサービス自体も造語なのです。

この造語は、イギリスのシーボーム報告「地方政府とそれに関連するパーソナル・ソーシャルサービスに関する報告」（一九六八年）において用いられたといわれています。この報告は、なぜか日本では社会福祉士などの国家試験にも頻出するので、名前だけでも知っている人は多いでしょう。そこでパーソナル・ソーシャルサービスと括られているのは、福祉国家以前から、ボランタリー部門を含む多様な主体によって営まれてきた種々の個人や家族へ向けた福祉サービスを総称するもので、たとえば、虐待された子どもたち、虚弱な老人、障害者、保護観察を受けている人たち、「浮浪者」、多問題家族などへの雑多なサービスが例示されています。

イギリスの Social Policy Association の協力の下に Social Policy の標準テキストとして出版されて

いる、*The Student Companion to Social Policy*（Blackwell, 1997版）において、ジョン・バルドックは、パーソナル・ソーシャルサービスは、誕生から死までの私たちの人生のほとんどの局面と関わる可能性があるけれども、これらのサービスとは無縁で一生を終えるのが普通だと指摘しています（Baldock 1997: 307）。病気のときは医療サービスを必ず利用し、学校に通うことを義務づけられていることと比べると、パーソナル・ソーシャルサービスの利用は「普通」ではない、というのです。それらは「普通」は家族や友人などから提供されているが、それが欠けたり、誤った方法でなされているときに利用されるという「残余性」こそが、この社会サービスの本質だから、というわけです。

つまり、シーボーム報告でのパーソナル・ソーシャルサービスは「普通枠」ではなく、「普通枠」では充足されないニーズへの残余的な「特別枠」のサービスだということになります。この「特別枠」のサービスを、地方政府が組織化し、統合的に供給することを提案したのがシーボーム報告だったのです。なお、アメリカではガーランドのいう共通サービスに加えて、これらを補足する六番目の雑多なサービスが存在し、それがイギリスのパーソナル・ソーシャルサービスにあたると、高田真治は整理しています（高田 一九八三、一一三―一一八頁）。ここでも残余性、雑多性によってこれらのサービスの特徴が描かれています。

ただし、この「残余」という表現で、これらのサービスが取るに足らないものだと考えられていたわけではありません。イギリスでも次第に高齢者のケアなどの問題は大きくなっていましたし、シーボーム報告以前から国営保健サービス（ＮＨＳ）における高齢者や精神障害者の入院削減問題や、大規模児童養護施設の変革などが問題になっていました。それらが、パーソナル・ソーシャルサービスの拡大に帰結していったわけです。パーソナル・ソーシャルサービスは、福祉国家の他の政策が切り離そうとするニーズの受け皿にならざるをえないという意味でも「残余」的であったといえます。

なお、パーソナルという意味ですが、施設のような集合的方法ではなくという意味かもしれませんし、また個人や家族の「私生活」の内部に介入するというようなニュアンスがあるかもしれません。福祉国家による私生活管理ですね。この点は、日本での「対人福祉サービス」という理解とはやや距離があるかもしれません。

ともあれ、シーボーム報告は、こうしたパーソナル・ソーシャルサービスが多様な主体によってバラバラに実施されていた状況を改革し、地方政府の社会サービス部に統合して、「コミュニティ基盤」で「家族志向」のサービス供給体制へ変革することを提言しました。コミュニティ基盤、ということでコミュニティ・ケアという概念が付加されていきます。このコミュニティにおける資源開発も射程に入ると、「普通枠」らしさが出てきたかもしれません。さらに社会サービス部の組織や人材養成のあり方も議論されていきます。実に盛りだくさんだったのですね。

人材についていえば、伝統的なソーシャルワークの「ソフト」なサービスに加えて、ホームヘルプ、デイケア、給食サービスなどの「ハード」なサービスと、その担い手が注目されました。他方でソーシャルワークも、クライエントや問題ごとに専門分化されたものから、地域で個人や家族のニーズを発見し、それへのサービスを編成提案していくような、一般（ジェネリック）ソーシャルワークへの転換が促されました。さらに、小林良二によれば、ソーシャルワーク部門だけでなく管理運営を行うアドミニストレーション、あるいはマネジメント部門が拡大したと指摘しています（小林 一九七八）。コミュニティにおける、生活援助管理という感じでしょうか。

このシーボーム報告に基づく改革の「その後」については、日本でも多くの文献がありますし（田端 二〇〇三、平岡 二〇〇三）、イギリスでもその五〇年の歴史を多数の証言で示した、レイ・ジョーンズの著作 ***"A History of the Personal Social Services in England"***（イギリスにおけるパーソナル・ソーシャルサービスの歴史）があります（Jones 2020）。ジョーンズの著作の副題は「Feast, Famine and the Future（豊作、飢饉、未来）」となっており、残余的なパーソナル・ソーシャルサービスが、地方政府の社会サービス部の下に統合され、いったんは豊富な財源の下で拡大していったものの、その後財源も縮少され行き詰まりを見せていったことが叙述されています。行き詰まりは、基本的に中央集権的なイギリスにおける地方政府の自律性の不足、とりわけその予算の限界にあり、また「社会なんてない」と述べたサッチャー政権下での市場化の中での地方社会サービス部の役割の変化、ブレアの第三の道以降も「三つのE（economy 経済，efficiency 効率，effectiveness 効果）」が継承され、このために「払うべき価値（value for money）」のあるサービス利用者のターゲット化が急がれたことなどが挙げられています。また障害者運動などからダイレクトペイメント要求が出されるなど、生活管理への利用者の反発もあったかもしれません。さらに児童虐待事件が相次いだこともあって、家族へ介入する専門ソーシャルワークの必要性もあらためて提起されました。こうした結果、二〇〇四年の児童法の制定（イングランドのみ）によって、地方社会サービス部による包括的なパーソナル・ソーシャルサービス供給の歴史は幕を閉じ、対象別に専門分化されたサービスに変化していくことになります（ibid: 67）。

なお、先に引用した『*The Students Companion for Social Policy*』の最新版では、パーソナル・ソーシャルサービス概念やコミュニティ・ケア概念の解説はほとんど見かけなくなっており、代わりに社会的ケアがあるのみです。これがサービスの「普通枠」となっていったのかどうかはよくわかりません。

4　日本におけるコミュニティ・ケアと介護保険――「措置から契約へ」

シーボーム報告、特にコミュニティ基盤のサービス供給の提案は日本の社会福祉界に大きな影響を与えました。居宅を基盤とした社会福祉サービスに重点を移し、それらのサービスを核にしてコミュニティの形成を図ろうという提案がさっそく出現していきます。東京都社会福祉協議会答申「東京都におけるコミュニティ・ケアの進展について」（一九六九年）、中央社会福祉審議会答申「コミュニティ形成と社会福祉」（一九七一年）などがそれです。当時の日本は、いわゆる「福祉三法体制（生活保護法、児童福祉法、身体障害者福祉法）」から「福祉六法体制（精神薄弱者福祉法、老人福祉法、母子福祉法）」への移行を遂げたところでしたが、そのカテゴリー別の福祉対策の中で収容施設の増設を進めていた時期でもありました。したがって、ここでのコミュニティ・ケア＝「在宅福祉」は、収容施設の拡充、整備と平行して提案されていたのであり、まさに折衷型でした。しかし日本の場合、問題は施設のような「特別枠」の突破ではなかったし、自治体での総合的なサービス供給体制の編成でもありませんでした。そうではなく、中間層も含めた「非貨幣的ニード」の普遍的増大がその根拠になり、要援護層に限定しない「対人福祉サービス」を拡張していくことが「普遍主義」として主張されたのです。

確かに、当時、たとえば「ポストの数ほど保育所を」というような市民の運動や、高齢者の給食サービス、ホームヘルプ事業などが自治体やボランタリー団体によって多様に展開され始めており、子育てや「一人暮らし」「寝たきり」の高齢者の実態への注目が高まっていました。「対人福祉サービス」をコミュニティ・ケアとして拡張していくべきだという三浦らの主張は、福祉六法体制になっても、社会福祉は要援護層への対策として、多くの社会福祉サービスには所得要件を付され、文字どおり選別的なサービスの性格が維持され続けていたために、中間層ももっていた多くのニーズが排除され、またそのことが社会福祉の内実を狭隘なものにしていた、というレトリックによるものでした。*8 つまり所得保障同様、所得制限をつけないこと＝普遍主義ということになります。こう聞くと、カテゴリー別の福祉法が、すべからく所得要件をつけていたように誤解されてしまいますが、もちろん「一般」高齢者向けの老人憩の家とか老人クラブなどが推進され、特別養護老人ホームには所得要件はありませんでした。保育所の要件は「保育に欠ける」ということにあって、貧困を尺度としていたわけではありません。当時保育所が足りなかったのは、財政事情のほか、社会福祉政策を推進する側に、家庭での養育がベストという価値観が強かったためではないかと筆者は考えています。高齢者ケアについても同様で、家庭で介護できない「一般高齢者」が病院への「社会的入院」を選択しがちだったのは、社会福祉が選別主義を貫いていたというより、家族自身の「体裁」だったかもしれません。

それはともかく、三浦の「非貨幣的ニード」という解釈は、先に述べたように手段とニードを混ぜこぜにしたものでしたが、在宅ベースでのパーソナル・ソーシャルサービスの拡充にこそ新たな社会福祉の展望があるという意味で、大方の喝采を得たのです。

ただし、シーボーム報告が前提にしたような、多問題家族とか児童虐待、あるいはホームレスなどの住宅問題などの視点はなく、もっぱら高齢者問題が中心にあり、とりわけ介護の社会化にありました。もちろん、保育にせよ介護にせよ、それらを家族が外部の社会サービスとして利用する方法は、社会福祉に限定されません。戦前はもとより戦後の都市部においても、高度経済成長期の前半ぐらいまでは、「お手伝いさん」と呼ばれた労働力が農村などから供給されていましたから、中流の共働き家庭でもその利用はある程度可能だったでしょう。病院の付添婦も同様でした。先にも述べた、経済格差を利用したケアのネットワークですね。そうした労働力が得られなくなり、市場にも廉価なサービス商品がないとすれば、社会福祉分野のパーソナル・ソーシャルサービスの拡張が求められるしかなかった経緯は理解しやすいと思います。

こうした日本における高齢者介護に焦点化されたパーソナル・ソーシャルサービスの拡張は、高齢者福祉と保健を合体した「高齢者保健福祉」という新たなカテゴリーを作り出し、さらに「ゴールドプラン」と呼ばれた「高齢者保健福祉推進十カ年計画」として、地方公共団体がその特性に応じて、施設、在宅サービス、人材確保を図っていくことを促しました。それらは、結局介護保険法の制定（一九九七年）という「普通枠」に行き着きます。もちろん、介護保険を生み出す大きな背景となったのは、パーソナル・ソーシャルサービスの拡張の必要というよりは、長期入院による医療費問題が強かった、という要素も見逃せません。また、介護保険が収容施設を否定したわけでもありません。むしろ地域に応じて、施設も在宅も取り込んだわけですね。その「普通枠」の所以は、介護を保険事故とし、四〇歳以上の国民を強制加入させた新しい社会保険制度であったというところでしょうか。ちなみに、介護が社会保険の「事故」たりうるような「普遍的ニード」かどうかという点や、家族介護者への現金給付の是非が、当時議論になったことは付け加えておきたいと思います。

他方で、介護保険では、介護サービスの供給者も民間に開放され、また利用者によるサービスの選択である点が強調されたのは、一九八〇年代以降の先進国における福祉国家の見直し路線と一致しています。すなわち、福祉供給の規制緩和と市場化、および契約に基づく、一定の要件付きの給付という新自由主義的な改革です。“Welfare to Work”がその有名なスローガンですが、介護の場合は work というわけにはいきませんが、「公的責任」の下で押しつけられた福祉ではなく、あなたが選んだサービスを対等な契約で利用する、ということが強調されたのでしょう。この状況下のスローガンは「措置から契約へ」でした。

「措置から契約へ」というスローガンは、二〇〇〇年には社会福祉事業法（一九五一年）を改正して社会福祉法を新たに制定した、いわゆる社会福祉基礎構造改革を実現させ、介護だけでなく大方の社会福祉サービス供給の基礎となりました。介護保険および社会福祉法制定のプロセスにおいて、なぜ「措置から契約へ」なのかが問われましたので、議論は出尽くしていると思いますが、このスローガンのレトリックに若干言及しておきたいと思います。

第一に、この前提は、福祉国家による従来のサービス供給は硬直的で、利用者本意ではないという認識にあり、この点は福祉国家全体に対する新自由主義による批判、すなわち官僚主義とか非効率性、消費者本位ではないという批判と類似のものです。しかし、日本では「措置」という言葉がこの批判の象徴となりました。従来の社会福祉サービス供給が、行政による「福祉の措置」としてなされてきたことがおかしいというわけです。この「福祉の措置」は、一九四六年にＧＨＱが「社会救済に関する覚書」（SCAPIN775）において示した、①無差別平等、②公的責任、③必要充足、の三原則のうち、②の公的責任と関わっています。公的責任は、まず社会福祉の責任が政府にあるという意味と、その実施にあたって民間団体に委ねてはならないという「公私分離の原則」の意味が含まれていました。なぜそうしたかというと、戦前までの日本の社会事業は、国や地方政府が民間事業者に「委託」することが常態であり、民間事業も公金を前提に成り立っていたのですが、それがＧＨＱには公私混同と映ったわけです。もちろん当時の厚生省はこれに全力で抵抗し、「社会福祉法人」という名の「公的な民間団体」を誕生させます。そして、そこに「措置委託」をしていくというやり方がとられていくようになりました。したがって「福祉の措置」とは国や地方政府によるサービス供給の決定と、それを実施する社会福祉法人への措置委託の両方を含みました。

この場合、行政処分としての「福祉の措置」は政府の責任による一方的なものですし、その実施も政府の指揮監督を受けた社会福祉法人によるものですから、利用者本位ではなかったというのはそのとおりでしょう。ただし、この「措置」の時代の福祉ユーザーとして、私は産休明けの子どもを「自由契約」で保育所利用した経験があります。一九七〇年代の終わり頃のことです。社会福祉法人の場合はそうした枠が若干あったようです。またその後も保育所申し込みにあたって、具体的な保育所の希望を書くのが普通でしたし、嫌なのに措置されたという経験はありません。もちろんその結果、利用先がなくなるかもしれないという恐れは常にあったわけですが。ちなみに、現在も児童養護施設や生活保護施設は「措置」ですが、後者の場合でも事前に施設見学をしたり、本人の希望を聞くのが普通です。時々ホームレス状態の人を宿泊所などへの入所を条件に生活保護を支給したというような話を聞くことがありますが、それは「措置」の問題ではなく、福祉事務所の保護行政のあり方の問題です。「福祉の措置」は精神病院の「措置入院」とは異なります。「措置」批判は、そうした現実ではなく、措置という形式が契約より利用者にとって不利だということを過度に強調するためになされたと考えられます。フレーミングですね。事実とは無関係に、行政学者までもが音頭を取って、措置批判のオンパレードがなされたことは、今でも奇異な感じがありますが、結局のところ福祉の市場化＝契約を拡大したかったからなのでしょう。

この点について、厚生省社会・援護局の社会福祉専門官として基礎構造改革に関わった平野方紹は「当時の改革本部での議論では、措置制度がいかに非人間的で、融通の利かない時代遅れのものであると、誇大的に語られていた。そして契約制度がバラ色の福祉の未来を（ほぼ無条件に）もたらしてくれるという『幻想』が支配的であった」（平野 二〇二一、七七頁）と述べています。平野は続けて、「措置の問題点」は「机上の問題点」にすぎず、多くの福祉現場では措置制度の下でも熱心な取組みがあり成果を上げていたと指摘し、他方で介護保険制度へ移行しても（措置が原因とされた）問題点は今日でも残存している、と喝破したのでした（同上）。

第二に、平野が懸念するように、契約へ移行すれば利用者本位になるだろうか、という問題もあります。そもそも利用者にとって望ましいのは「選択肢」の多さなのでしょうか。介護保険は、サービス供給を準市場化することで、民間業者の参入の道を拓きました。しかし、民間事業者は、利益が出なければ市場から退出します。たとえば最近、全国の社会福祉施設や学校などの給食サービスを受託してきた業者が突然営業をやめたことがニュースとなりました。業者は「ビジネスモデル自体がもう合わない」と述べたそうです。どのようなサービスが提供されるかは、供給者のそのような行動によって変化していきます。多様なサービスを選べるのは、大都市などに限定されるでしょう。人口の少ない地域では、一つの事業者しか存在しないことは十分ありえます。これは病院のない地域があるのと同じです。そうなると、契約書を書いても、書かなくても、利用者の側に選択の余地はなくなります。近年突然の事業所閉鎖などでサービスを利用できなくなった障害者や高齢者がクローズアップされていますが、契約や選択より前に供給の安定性はどうなるのでしょうか。

また、社会福祉サービスの質を私たち利用者はどのように知ることができるでしょうか。病院や施設、在宅サービス、それらのマネジメントを「選択」できるとして、その「選択」を支えるサービスの質や量に関する基本情報はほとんど公開されていません。だから口コミや、大きい病院だから、よさそうな福祉法人だから、ということで選択するしかないのです。その結果、期待とは異なったサービスであった場合は、通常の商品同様、次はそれを買わないという「無言」の消費者行動で示すしかありません。つまり、選択の自由がよいサービスを保証するわけでなく、選択の前提にきちんとした情報公開や質の評価がなければ、選択も意味がないことになります。

現実には、社会福祉サービスの評価、あるいは優良なサービス供給者の評価も、「無言」の購買活動によってしかなされない状態がありますが、それは仕方がないのでしょうか。否、別の方法もあるはずです。たとえば苦情や要望を伝えること、場合によってサービス供給に「参加」していくことというような方法です。また今述べたようなサービスの質についての評価や情報公開も必要です。社会福祉において市場化は準市場でしかありませんし、公的責任は消えたわけではありません。同時に、被措置者でもなく、利用者・消費者でもなく、ある社会福祉サービスをめぐる当事者の一人として、発言し、参加していく経路を開発していく、という手法もあるはずです。この点は本書の最後の議論＝参加で掘り下げてみたいと思います。

第三に、三浦の「非貨幣的サービス」ですが、たとえば介護保険では自由にサービスの売買がなされるわけでなく、介護認定に基づいて、要介護度別に一カ月あたりの支給限度額が示されています。これは～単位という表現で、サービスごとにその単価の金額は異なります。医療保険では診療報酬が点数化されていますね。利用者からすると、契約の前にこうした枠付があり、しかも自己負担もあるので、利用者の判断する必要に基づいて使う、というわけにはいきません。他方で、介護保険で認められた業者は、この支給限度額内で行われたサービスについて、介護保険から支払いを受けます。これも医療と同じです。さらにいうと、「福祉の措置」の時代も、サービスへの対価は、「措置費」として社会福祉法人へ支払われていました。なんだ、当たり前じゃないか、と思われるかもしれませんが、別の方法もありうるのです。たとえば、先に障害者の介助サービス給付を、サービス給付ではなく、その費用を直接利用者に支払うダイレクトペイメントについて触れましたが、これはイギリスなどいくつかの国で実施されています。また、イギリスの住宅手当は、支援付き住宅にも適用され、かつてはその支援サービスまで含んで算定されたので、利用者はこの手当で費用を支払いました。こうなると非貨幣ニードを貨幣ニードと区分する意味が希薄になってきます。

第四に、「措置から契約へ」のスローガンは、日本の社会福祉（福祉国家の社会福祉サービス部門）全体に大きな影響を及ぼしました。しかし、先の平野方紹は、この影響は部分的であって、「利用型」へ移行した介護や保育所サービスなどは、そのニードの一般性から、従来の福祉サービスの枠組みから飛び出た特例として、本書でいう「普通枠」として再編されますが、障害者支援サービスはそこまでいかず、あくまで税による支援にとどまったことに注目します。ただし「措置から契約へ」という理念は障害者福祉全体に及びました。現在では障害者総合支援法という包括的な法律の下で、多くのサービス給付は「身近な」自治体への申請の後、介護保険同様、「障害支援区分」の認定→サービス利用計画の策定→支給決定→事業者と契約、という手順で、介護保険と同じように実施されています。だから、以前は自治体の障害福祉課へ行けば済んだ手続きが、計画作成事業者との相談・契約、通所事業者との相談・契約……という具合にかえって複雑になっているのです。

もちろん先にも述べたように児童養護施設や生活保護施設などでは従来どおりの「措置」が維持されましたから、こうした従来の生活保障や支援を基軸とした「特別枠」＝「選別型」福祉サービス路線と、「普通枠」サービスの仕分けをしたのが基礎構造改革だったと平野は総括しています（同上、七八－七九頁）。つまり、「特別枠」が伝統的な福祉理念であり（福祉としては）一般的であったのだが、「普通枠」が一般的になるという「福祉理念の逆転的置換」を行ったのが、基礎構造改革だった、というわけですね。この「普通枠」の福祉としての一般化は、三浦のいうような「普遍ニード」を基礎としているがゆえに、福祉全体の改革にはつながらなかったともいえるかもしれません。

第 6 章

社会福祉は地域福祉になったのか

1　市場化・民営化、グローバリゼーションと地方分権

日本が「普通枠」として行き着いた介護保険が主導した「福祉理念の逆転的置換」の背景には、先にも述べた福祉国家のver.2における新自由主義からの批判があり、社会福祉サービスを国家から市場化・民営化する潮流が拡大しました。特にサービスの分野では国家の役割は「基盤整備者（enabler）」であって、供給は非営利組織や営利企業が担う方向が、どこの国でも模索されていきました。

他方で市場化はグローバリゼーションの勢いを強めていきましたが、このグローバリゼーションの下で、福祉国家が担ってきた社会問題解決や社会の統制を、国家を超えた国際機関やＮＧＯなどが担い始めるという側面が進んでいきます。グローバル・ソーシャル・ポリシーの研究者のボブ・ディーコンによれば、国連（ＵＮ）およびその専門機関（国際通貨基金、世界銀行、世界貿易機関、世界保健機関、国際労働機関など）やそのフォーラムなどが、社会問題解決の処方箋を示し、国の政策決定に関与するようになったと述べています（Deacon 2007）。先にも述べた持続可能な開発目標（SDGs）も、国連サミットで策定されたミレニアム開発目標（MDGs）の新バージョンです。経済協力開発機構（OECD）の貧困や不平等の指標、世界経済フォーラム（WEF）のジェンダーギャップ指数も国の社会福祉政策へ一定の影響を与えているといえるでしょう。さらに国際ＮＧＯの影響力も決して小さくありません。

市場化・民営化とグローバリゼーションの関係はなるほど、という感じですが、これらと並行して、地域＝地方自治体がクローズアップされています。いったい地方自治による分権は、福祉国家のver.2、ver.3の中でどのような意味をもつのでしょうか。日本では、一九九〇年の福祉八法改正で、福祉行政の市町村化が進みました。二〇〇〇年の社会福祉基礎構造改革では、社会福祉が地域福祉と変換され、「地域福祉の主流化」が推進されていきました。それはどういう意味をもっているのでしょうか。

グローバル機関が地方分権に言及したものとして、EUが一九八五年に採択した「ヨーロッパ地方自治憲章」があります。日本でも地方分権に言及する人びとは、これをよく引用しています。EUはヨーロッパに限定ですが、経済・通貨の統合、共通外交・安全保障政策の実施、欧州市民権の導入、司法・内務協力などによって、まさに超国家機関として形成されてきました。EU法や理事会、議会ももっています。さて、この憲章は「公的な責務は、一般的に、市民に最も身近な行政主体が優先的に遂行する」という地方自治体の役割を強調し、そのための権限や財源の配分の必要性を明確にしました。なぜ超国家機関としてのEUがこのような憲章を採択するに至ったのでしょうか。それはEUという超国家機関の存立自体が、その集権化を常に抑制するようなものでなければ支持を得られず、したがって、超国家機関―国家―地方自治体のいずれの関連においても、「補完性の原理」（principle of subsidiarity）を強調せざるをえなかったからだといわれています。

先にも少し触れたように、「補完性原理」は、ドイツなどの保守型（コーポラティズム型）福祉国家の原理としても知られています。それは、「家族の相互扶助が不能になった場合に限って、より大規模な、高次の社会的集合体が介入できる」（エスピン＝アンデルセン　岡沢・宮本監訳　二〇〇一、六九頁）というもので、国家や地方政府の介入に先立って、より小さい単位の集団（家族）の「自立・自己決定」を優先するものです。あらあら、日本で強調されてきた「自助→共助→公助」になりますね。この「補完原則」をそのまま受け取れば、あらゆる公的福祉は自助・共助の「残余」的なものになり、そうなるとドイツがお手本となった社会保険などは存在できなくなります。あらかじめ保険事故を予想して保険料を払い込む「制度」的福祉を国家が強制するわけですから。

こうした矛盾からか、ＥＵなどで議論されている「補完性」はもともと両義的な概念であり、二つの側面をもつと、国際政治学者の遠藤乾は述べています（遠藤　二〇一三、二九九頁）。第一は消極的な補完性で「より大きな単位は、より小さな単位（個人を含む）が自ら達成できるときには、介入してはならない」という「介入の限定の原理」です。しかし、そこには第二の積極的補完性が必ず付随していて、それは「大きい単位は、小さな単位が自ら達成できないときには、介入しなければならない」という「介入の肯定ないし義務の原理」でもあるというものです。また、ドイツの社会保険制度の成立過程を意味論から読み解いた坂井晃介は、「補完性概念」は多文脈的であって、ドイツ社会国家の形成時の文脈では、「自助か国家援助か」という対立を「（労働者などの中間組織の）自助のための援助」の方向での国家政策を正当化していくために使用され、それゆえ社会保険が成立していったことを確認しています。他方で、この概念は、そのような歴史性は忘却されて、今日のような福祉縮小や社会国家批判のためにも用いられるというような、つまりドイツ社会国家の存在に対する相反する主張（支える／掘り崩す）を同時に包括するような「奇妙な汎用性を与えている」とも指摘していきます（坂井 二〇二一、二二五－一七頁）。

国家や超国家機関が、個人や地域の福祉に責任をもつということと、その自治にズカズカと介入してはいけないことの間には、たえず緊張関係があることは事実でしょう。しかし遠藤のいう積極・消極の二面性や坂井のいう「歴史性と汎用性」を参照すると、「補完性の原理」それ自体に、確固たる意味があるかどうかは疑わしくなります。ともあれ、超国家機関であるEUが各国の地方分権に言及したのは、より上位の機関による支配への「牽制」という文脈があり、EUは自らがそうでないというために作ったともいえるわけですね。なおEUの加盟国のすべてがすぐこの憲章を批准したわけではなく、イギリスやフランスは遅れました。むろん日本はEU加盟ではありませんが、この憲章や「補完性の原理」は、地方自治体にとってのバイブル的なものとなったといえます。

こうして地方分権や地方自治は、グローバリゼーションや市場化の時代だからこそ、クローズアップされてきたともいえるわけですが、福祉国家と地方自治体の関係を論ずる前提として、福祉国家の実施組織について、念のため確認しておきたいと思います。というのは、そもそも福祉国家は、国家の政策でありプログラムですが、政府の関与の仕方や程度は、国によってもセクターによっても異なっています。福祉国家批判は、「社会主義のような福祉国家」を批判する傾向が強いですが、これも誇張されたフレーミングで、福祉国家プログラムの実施は当初から、国が直接実施機関となって行うだけではありませんでした。むしろ地方公共団体、企業や労働者組織、民間団体など、多様な実施組織が存在してきました。それは福祉国家が、それに先行する多様な「共助」組織を利用しながら編成されてきたからであり、これが福祉国家の多様性を生み出していったともいえます。

たとえば、少子化対策でよく紹介されるフランスの「家族手当金庫」制度のルーツは、企業経営者による自主的な「家族手当のための調整金庫」の創設にあり、金庫に参加する企業は、その労働者数に応じて拠出金を拠出し、同額の手当を労働者に支給するため、競争関係にある企業の間で家族手当に関する負担が平均化されるような、一種の賃金カルテルとして機能したともいわれています（江口二〇〇九、一三三頁）。

日本では、社会保険は介護保険や医療保険などの「地域型」のほか「職域型」がありますが、「職域型」は被用者を対象として、事業所単位に強制適用する仕組みです。たとえば医療保険では組合管掌保険として単一の企業が組合を設立し、「○○企業健康保険組合」を名乗って、一部自主的な運用も行うことがあります。また厚生年金の場合も、厚生年金基金のように、厚生年金部分の「代行」を行ってきた歴史があります。こうした場合は、企業というコミュニティ内部の共助のような体裁を取るわけですね。地域というより、職業を通したコミュニティの中で老後も暮らしているという日本人は、少なくとも団塊世代ぐらいまでは、多いのではないでしょうか。

雇用保険をはじめ、労働関係の社会政策は厚生労働省の直轄の組織である都道府県労働局が労働基準監督署、公共職業安定所を通して実施しています。「地域型」の国民健康保険や介護保険は、これらとは異なって、市町村が保険者となっています。近年ここに都道府県が加わっているのは市町村単位での保険運営の困難があるからです。これはしばしば、地域の共助として説明されますが、地域コミュニティの実体があるからというより、同じ地方自治体に住民登録をしている人たちが「共助」を国家に強制されているというべきでしょう。日本の社会保障を特徴づける「国民皆保険・皆年金」は、「職域」でカバーできない零細事業所労働者や自営業者、また退職した高齢者などを対象とした点で画期的だったわけですが、その「地域型」の意味は、「職域」が取りこぼしたものを拾う、残余性にあったわけです。

長期保険としての国民年金は、市町村というわけにいきませんから国が保険者になってきましたが、国民年金の適用、年金保険料の徴収、年金給付の裁定や給付等の事務の権限は、日本年金機構*9に委任または委託されています。また資格取得や免除申請など一部の事務については、法定委託事務として市町村が処理することとされています。市町村の保有する公的データ（戸籍、住民票、市町村民税課税台帳等）による事実確認が容易になるからです。もともと、国民年金の発足当初は、被保険者が、市町村役場で印紙を購入してこれを国民年金手帳に貼りつけ市町村の検認を受ける、といういわゆるスタンプ方式を採用していました。しかも、被保険者の自主性に任せると納付率が下がるので、市町村では納付組織の育成強化を図ったそうです。納付組織とは、町内会、婦人会、納税組合など地域を基盤とした既存の各種の組織を利用するものと、国民年金委員、保険料納付組合など国民年金独自のものとして設置されているものがあったようです（厚生白書　一九六五）。

このように、福祉国家は国家の責任で多様な制度を設計し実施していますが、その実施組織は制度によっても国によっても、かなり違います。社会扶助のような国の最低生活保障責任を具現化したものでも、日本の生活保護はその実施を地方自治体に委託していますし（機関委任事務→法定受託事務）、財源も一部地方自治体が負担するように設計されています。イギリスの社会扶助の場合は、日本の労働関係の政策同様、国の機関が直接申請を受け付け、給付をします。イギリスの住宅手当は、国の財源ですが、手当額はそれぞれの地域の賃貸住宅市場の実勢を反映させるよう、自治体が算定します。

以上に加えて、先に述べたパーソナル・ソーシャルサービスなどの部門では、もともと宗教団体や非営利組織の活動が先行していましたし、日本の場合は社会福祉法人という特殊な民間が最初から設定され、そこへ国家や自治体が「委託」するという形を取っていたわけです。日本では、医療サービス供給も開業医のような個人や医療法人によるものが主なのです。

だから、福祉国家の権力を分散化させるという意味は、はじめて民間を入れたとか、はじめて地方自治に委ねた、というほど単純ではないのです。最初から、うまいことそれらを取り入れつつ、多様な方法で福祉国家は実施されてきたという「事実」を忘れてはなりません。しかし、介護保険を契機として、日本の社会福祉サービスの市場化・民営化は、社会福祉法人だけでなくＮＰＯ法人、協同組合など新たな非営利組織や営利企業に開放される形で進んでいきましたし、地方分権がクローズアップされるようになりました。国は、それらの「基盤整備者」という位置に後退していきます。また、それらの新たな主体も含めて、社会福祉の供給は、市場のようにマネジメントすることがトレンドとなっていきました。目標設定、成果指標、支出上限などの技法が取り入れられ、払う価値（value for money）のあるプログラムや利用者のターゲット化が進み、国も地方も民間も、そして利用者さえも計画化を促されていきます。

2　日本における地方分権改革と地方創生

地方分権は、地方自治体の自律性（地方自治）に一つの基礎を置いていますが、それは同時に住民の参加が基礎だといわれてきました。この両面の実質化は戦後日本の重要課題の一つであり、特に地方自治関係者にとっては悲願でしたが、その実現はなかなか困難でした。ところが、一九九三年に地方分権推進の衆参両院決議が行われた頃から、地方分権が急速に政治課題化し、九五年には地方分権推進法、九九年には地方分権一括法が成立しました。社会福祉と関連の深い機関委任事務の廃止など、国の関与を縮減し、地方自治権の拡大が目論まれたわけです。地方分権化のこの時期の急速な展開について考察した市川嘉崇は、その大きなモメントとして、一九八〇年代後半の貿易摩擦の中で「日本の『排他的取引慣行』、『非課税障壁』、あるいは不明朗な行政指導などが問題視されるようになった」（市川 二〇〇八、八九頁）という「外圧」の存在を指摘しています。この「外圧」の中で、地方自治関係者だけでなく、財界も含めて、地方分権化が「豊かさを実感できない社会を克服し、東京一極集中を是正し、補助金分捕り型の利益誘導型政治を断ち切るための万能薬であるかのような期待を集めた」というのです。これも一種のグローバル化の中の地方分権化といえるかもしれません。

しかし、地方分権化は、すぐ自治体への財政負担転嫁や大規模合併による行政の効率化・減量化などへと、その意味の転換が起こっていきます。分権の財政的実現は国庫補助負担金改革、税源移譲、地方交付税改革の三つを同時に行う、いわゆる三位一体改革によって図られますが、二〇〇四〜〇六年の間に国庫補助負担金は四・七兆円、税源移譲（所得税から地方個人税へ）は約三兆円、地方交付税は五・一兆円の減という結果になりました。地方財政はむしろ圧迫されるようになったところも多く、人員削減、公共事業費の削減、住民サービスの縮小、民間委託の推進などを選択せざるをえなくなったと批判されました。

このような地方財政を効率化し、住民サービスを充実させるという名目で、いわゆる平成の市町村合併もこの時期に促されました。特に財政力の弱い町村は、合併によって強く大きくならなければ、分権型の自治体を構築することは難しいと説明されていきます。その結果、二〇一六年の市町村数は合併が始まった一九九九年の半分になりました。また合併後一〇年間は、交付税は合併前の合算額を受け取ることができますが、それ以降は、五年間毎年縮減されていきます。つまりこの据え置き、縮減期までに、各自治体はより効率的な新しい自治体を形成せねばならないことになったのです。

以上のように、地方分権の過程で、自治体は分権による自治を拡大したというよりは、効率的経営に自発的に取り組まねばならない状況となったともいえます。しかも二〇一四年には、地方都市の「消滅」を具体的な市町村名を含めて警告した、日本創成会議のいわゆる「増田レポート」が公表されました。これは増田寛也・元総務大臣を中心に作成されたため、このように呼ばれていますが、概ね次のような主張を行いました。①日本の人口減少は待ったなしの「不都合な真実」であり、二一世紀の経済成長のためには、これへの総力を挙げての取り組みが必要。②第一の基本目標を「国民の『希望出生率』の実現」に置き、その阻害要因の除去に取り組む。③人口減少は地方ほど早く進んでおり、多くの地域が「消滅」する恐れがある。この最大要因は若年層の大都市への流出にある。人口過密の大都市では出生率が低いから、人口のブラックホール化が生じている。そこで、第二の基本目標を「地方から大都市へ若者が流出する『人の流れ』を変えること」に置き、「東京一極集中」に歯止めをかける。

このレポートの内容については、基礎とした合計特殊出生率を国単位でなく、小さな地域単位で使えるのかというデータの問題をはじめ多くの批判がありますが[*10]、「地方消滅」のインパクトが強かったのか、大きな話題となりました。何よりも、この民間レポートに申し合わせたかのように、国は二〇一四年夏には「まち・ひと・しごと地方創生本部」を作り、一一月には「まち・ひと・しごと地方創生法」(以下、地方創生法)を素早く公布しました。

この地方創生法は、人口減少を食い止める新たな政策を作ったというより、全国の地方自治体に、人口ビジョンと地方版総合戦略の策定を求め、国はそれに対して情報支援、人材支援、財政支援を「地方創生版・三本の矢」として実施するというものです。地域振興策はすでに長い歴史をもっていますが、それらを「縦割り」「全国一律」「バラマキ」「表面的」「短期的」という言葉で批判し、これに対して「自立的」「将来性」「地域性」「結果重視」を強調しました。また、「地方創生」は本質的に国家戦略ですが、施策を立案し実行に移す権限あるいは義務は、自治体にあります。ここには国と自治体関係についての異なった二つの側面があります。一つは自治体の「自発的」な創意工夫を促した地方自治重視の側面です。しかしその半面で、国の財政支援としての地方創生推進交付金、拠点整備交付金などは公募型の競争資金であり大型予算を組んできました。これを獲得するためには、国の基本方針や、事細かな認定要件に従って事業計画を作成し応募していくことが求められます。国の基本方針は、当初から総合的で多岐にわたっていましたが、途中からSDGs, society5.0、デジタル戦略、「デジタル田園都市国家構想」など、あらゆる国家戦略が被せられてきてしまっています。ちなみに「まち・ひと・しごと」総合戦略は二〇二三年度には「デジタル田園都市国家」総合戦略と衣替えしました。

さらに交付金の認定は、「官民協働」「地域間連携」「政策間連携」「事業推進主体の形成」「地方創生人材の確保・育成」「デジタル社会の形成への寄与」などから、取組みの先導性が評価されていきます。つまり、国によって方向づけられた「補助金獲得コンテスト」が強制されたといえるかもしれません（中澤 二〇一六、四頁）。しかし驚くべきことに、第二期が始まる前に、一〇〇%の自治体が、人口ビジョンと地方戦略を作成したのだそうです。それだけ、自治体の危機意識が強かったのか、財政難であったのか、素晴らしい政策だと評価したのか、それはわかりません。

もちろん短期間でのこのような戦略の作成への国の人的支援や情報支援も用意されました。その詳細をここで記述する余裕はありませんが、特徴的なのは第一に住民だけでなく、産業界・関係行政機関・教育機関・金融機関・労働団体・メディア・士業（産官学金労言士）[*11]等で構成する推進組織を形成することが推奨されていることです。特に金融機関の関与はこれまでにないことでした。また国家公務員や民間の専門人材の派遣は、副市町村長や補佐役として「日本版シティマネージャー」と呼ばれるような職への配置も含めて進められました。ここでは、市場化の流れが地方分権化と混じり合っています。

なお、従来からの総務省の「地域活性化伝道師」派遣制度や観光庁の「観光カリスマ」農林水産省「田舎で働き隊」などとも連動して、外部「カリスマ」を導入して地域創生を成功に導くという手法も特徴です。地方への移住経験や地方創生事例は今日では毎日のようにマスコミなどで取り上げられていますが、これらの「カリスマ」や国家公務員の転身、大手商社、大手銀行などの取組みが称賛されることが少なくありません。「地域おこし協力隊」（総務省）という形での外部人材の登用も珍しくなくなりました。つまり「地方創生」事業は、地域の自発性、市民参加にウェイトを置いているように見えて、実は外から「活を入れること」と「稼げる地域」を創ることを重視し、結果として、「地方創生」コンサル業を分厚く形成する役割を果たしたようにも見えます。「ビジネスモデル」「ブランディング」「関係人口」などの「地方創生言葉」で、地方の自然や歴史遺産を商品化していくところに、地方の未来があるかのようなストーリーでしょうか。

では、各年約一兆円の創生事業費交付金をはじめとする財政支援や「カリスマ」登場で、人口減少に歯止めがかかったとか、東京圏―地方圏間の転出入が均衡したかというと、もちろんそう簡単ではありません。成果は、「成功事例」として発信され、それを学ぶことによる普及が想定されていますが、経済地理学の中澤高志は、グランドデザインが間違っていたかもしれないとして、あらためて地方創生の目的を問うています（中澤 二〇一六、五頁）。中澤によれば、地方創生の目的は、あくまで国として日本の人口減少を食い止め、国民経済を成長維持させていくことですが、それを「地方」の創生という「迂回的」な手段を使って行ったものと指摘しています（同上）。人びとの地域移動を前提とした、全国的な政策として、賃金や児童手当の大幅アップや住宅手当の導入、あるいは移民などの手段を使うのではなく、あえて「地方創生」を使った、というわけですね。

しかも、ここでの地方は、その中にある格差や差別構造などは隠されていて、また住み慣れた地域で暮らす権利だけでなく、移動の自由やライフコースの選択肢を広げるというような観点があまり見当たりません。さらにいえば、どのような人びとがなぜ移動するのか、残留した人びとが地域で「引きこもる」事例もあるというような、社会階層に焦点を当てた議論もほとんどありません[*12]。もちろん、国の方針に従っているように見えて、したたかに地域の目的を達成しようとしている自治体が存在しているという調査報告もあり、中澤も「手段」の活用から自治体による「反転・防衛」の道はありうると述べているのですが（同上、一五頁）。

3 「地域福祉主流化」と「地域共生社会」――地域という「普通枠」

以上、地方分権、特に地方創生事業について、やや長く述べてきましたが、それはこれから述べる社会福祉の「地域福祉化」が、この地方創生と共振しながら進み、やがて政府の「ニッポン一億総活躍プラン」の一部としての「地域共生社会の実現」の一部隊となっていったからです。

社会福祉の地域福祉化を明確にしたのは、二〇〇〇年の社会福祉法で、これは地方創生より早い時期に制定されています。社会福祉法は一九五一年制定の社会福祉事業法を改正したもので、社会福祉サービス分野の共通的基本事項を定めた法律です。たとえば社会福祉事業の範囲、福祉に関する事務所、社会福祉主事、社会福祉法人、社会福祉協議会、共同募金などについて定めています。改正された社会福祉法と従来の社会福祉事業法を比較すると、改正法では「地域における社会福祉（＝地域福祉）」の推進を図ることが強調されていることが特徴です。

従来の社会福祉事業法においては、社会福祉とはいわゆる福祉六法に則って、事業が公明・適切に行われることという解釈でした。これに対して改正法は第一条で「地域における福祉」の推進と言い換えられ、さらに第四条では「地域福祉の推進」として、「共生する地域社会の実現」が述べられ、さらに第十章「地域福祉の推進」では「包括的な支援体制の整備」と「地域福祉計画」の策定が、社会福祉協議会などより前に置かれています。

この「地域福祉計画」とは、いわゆるゴールドプラン（老人保健福祉計画）、エンゼルプラン（児童育成計画）、障害者計画などの「縦割り」（分野別）の福祉計画を、あらためて地域で総合していくという意味です。またそのための基盤整備をしていくという意味も含んでいます。武川正吾はこのような変化を「地域福祉の主流化」と呼びました（武川 二〇〇六）。つまり「これまで社会福祉の法制度のなかには存在していなかった地域福祉という考え方が、法律の中にはじめて明記され、その推進が繰り返し語られている」ことに注目したわけです（同上、二頁）。

では、なぜそうなったのでしょうか。武川はその背景として、「人口移動よりは高齢化の方が深刻な社会問題として受け止められるように」なったからだとしています。これはすぐ前で述べた「地方創生」が東京一極集中の阻止といっていることと不整合のように見えますが、高度経済成長における大きな人口移動はほぼ収まった、という見方です。高度成長期における大きな人口移動は、農村における伝統的な共同体の解体や過疎の問題とともに、過密な都市における新たなコミュニティを求める状況を引き起こしていました。このため当時は「コミュニティの形成」が地域政策の課題であったと、武川は述べています。ところが一九八〇年代以降、ポスト工業化の時代に入ると、地域社会は定住化の様相を強め、高齢者の医療や介護が社会問題として浮上し、「地域医療や地域福祉が地域政策のスローガンとして登場する」（同上、五九頁）ことになったというわけです。これを背景に、日本の地域福祉概念は、一九六〇年代の「地域組織化」、八〇年代の「在宅福祉」、九〇年代前半の「住民参加型福祉」を経て、これに九〇年代後半の「利用者主体」を加えた四つの政策理念の累積体として成立した、というのが武川の見立てです。

武川と対談した平野隆之は、主流化ではなく「主体化」という言葉を使って、「地域が主体となる福祉」が地域福祉だと発言しています（同上、一二一頁）。地域が主体とは、「地域空間」に行政も社会福祉協議会も住民グループも参加して、地域福祉の実践をする、という意味だそうです。平野は別の著書で、「制度福祉」と「地域福祉」という区分をして、地域福祉は制度福祉の機能を高める役割をもち、その条件整備をなす、という表現で、特に地域福祉マネジメントに注目しています（平野 二〇二〇、i頁）。地域福祉も社会福祉法で制度化されたともいえるわけですから、制度福祉というより分野別の社会福祉サービスでしょうか。

なお、地方自治体が主役だったことは、先の武川の時代区分より、ずっと古くからあります。有名なのは岩手県の旧沢内村の老人医療費無料化による医療と福祉の一体化の試行ですが、これはなんと一九五五年に始まりました。また高度経済成長期の後半には公害問題や社会福祉問題が地方選挙の争点となり、いわゆる革新自治体が雪崩を打つように誕生していきます。この中で、保育所、在宅介護（ホームヘルプ）、医療費自己負担軽減問題などへ対処するような地方自治体独自の対策が生まれました。特に医療費無料化は、東京都が実施に踏み切ったことから国政にもプレッシャーがかかり、あくまで老人福祉法の措置としてですが、一九七三年の老人医療費支給制度につながりました。一九八二年の老人保健法によって無料化を終了させて国は革新自治体へリベンジし、この先に介護保険への道が開かれていったわけです。また、有償ボランティアなどによる介護サービスの組織化や、高齢者事業団（現在のシルバー人材センター）など先駆的取組みが多数見られました。広島県の旧御調町では「公立みつぎ病院」を核として医療・保健・福祉の連携によるケアの仕組みが「地域包括ケアシステム」と称して実施されてきましたが、その発端は一九七四年に開始された訪問介護サービスでした。この御調町のシステムが介護保険のとき参考にされたと、厚生官僚は回顧しています（医療科学研究所 二〇二一、一一五頁）。

これらは地域を主体とした先駆的な福祉サービスであったわけですが、武川も平野も、それらに触れないのは、どちらかといえば首長主導で、分野別のサービスにおいて国の政策変更を迫ったというところが、二〇〇〇年以降の「地域福祉の主流化」とは異なっていると考えたのかもしれません。また、二〇〇〇年以降の地域福祉は、計画化や条件整備を地域に委ねることに意味があって、平野のいう制度福祉を地域で機能アップしていく＝地域福祉マネジメントが強調されています。これは先に述べたイギリスのコミュニティ・ケアにおける専門ソーシャルワークを自治体レベルで一般ソーシャルワークおよび社会福祉マネジメントで編成し直すという感じによく似ていますね。つまり二〇〇四年に終わったイギリス地方社会サービス部による包括的なパーソナル・ソーシャルサービスとしてのコミュニティ・ケアが、その寸前に日本で蘇ったともいえます。

実際、当時基礎構造改革を主導した厚生労働省の炭谷茂は、イギリスのコミュニティ・ケア改革のようなことをやりたかった、と述べています（菅沼ほか 二〇一八、三二九頁）。その意味は、「縦割りの制度を（地域で）ひとつの大括りな制度にする」（同上）ことで、イギリスだけでなく、スウェーデンの一九八〇年の社会サービス法もそういう方向になっていると炭谷は指摘しています。先のジョーンズによれば、当時のイギリスのコミュニティ・ケアはすでに矛盾だらけだったわけですが。なお、計画化は、社会保障一般ではなく、特にサービス供給に関わるもので、たとえば医療における病院や人材、社会福祉施設やサービス資源、人材などの整備の枠組みを作っていくという意味で必要になります。たとえば高齢者介護のゴールドプランは、特養の増大を抑制する必要があったからだと炭谷は述べています。

さらに、平野方紹のいう「社会福祉理念の逆転的置換」があります。つまり介護保険の提起した「措置から契約へ」に寄り添いつつも、介護保険のような「普遍ニーズ」にはなりきれない「本来の」社会福祉事業を、どう新しく再生させるかを模索した結果が、地域福祉ということだったといえるかもしれません。この場合、「本来の」社会福祉事業を担ってきたのは、社会局であり、医療などに飲み込まれそうになった介護保険とは、異なるという厚生官僚としての気概も見え隠れしています。炭谷とともに改革を進めた河幹夫は、これを「内発的」と表現しています（同上、三一五頁）。

社会・援護局のうち社会局部分は、先に述べたように一九二〇年に設立された長い歴史があり、主に「選別的」で「特別枠」の社会福祉事業とその供給者についての業務を所掌してきました。戦後の厚生省の組織を白書から確認すると、皆保険皆年金体制となった一九六〇年時点では、公衆衛生局、医務局、薬事局、の医療系のほかは、社会局、児童局、保険局、年金局というラインナップでした。児童・母子の福祉事業は児童局で社会局からは最初から独立しており、社会局は生活保護、更生（障害）、施設に分かれ、さらに生活課がありました。つまり「選別的」で「特別枠」の雑多な社会福祉事業を所掌していたといえます。その後、老人福祉の拡大路線の中で、社会局に老人福祉課が新設→公衆衛生部に老人保健部→大臣官房に老人保健福祉部として独立、二〇〇一年に厚生労働省になってから現在の老健局となりました。障害者福祉も大臣官房の下に障害者福祉部となりますが、厚生労働省では、社会局の障害者福祉部となりました。なお、児童に関しては近年厚生労働省の枠も出て「こども家庭庁」になりました。このように社会局部分の仕事は「普通枠」を獲得した児童、高齢者、「普通枠」にはなりきれていませんが障害者は部になっていたので、それ以外の「伝統的特別枠」部分が残ったわけですが、平野方紹によれば、この部分を介護保険などとは異なった新たな仕様に仕上げるのが社会福祉法の課題だったということになりますね。

このうち「選別」の代表格で重要な制度は生活保護法ですが、地方分権一括法で機関委任事務が法定受託事務になったぐらいで、基礎構造改革はこれにはほとんど触っていません。また福祉事務所職員の配置人数は法定数から標準数となりましたが、福祉事務所それ自体の改革はありませんでした。ただし生活保護自立支援プログラムの導入を行ったほか、二〇〇三年以降、さまざまな名目での保護基準引き下げや自立助長の強化を実施しました。これは後で述べます。社会局部分の他の課は、地域福祉課と基盤整備課です。後者は施設、社会福祉法人、人材確保を所掌しています。厚生白書で確認すると、地域福祉課は一九九二年頃からその名前が見えますが、その所掌業務は、①国民生活の保護安定、②地方改善、③民間地域福祉活動に分類されており、①は婦人保護、災害救助、消費協同組合、生活福祉資金貸付であり、②はいわゆる「スラム」などの不良住宅地区改善や伝統的な「地方改善」、③は民生委員、社会福祉協議会、ボランティア、共同募金、などとなっていました。つまり、「その他」とでも括られるような雑多で、戦前からの事業も含めて所掌していたようです。地域福祉課としていますが、地域と強く関連していたのは②、③ぐらいでしょうか。いずれにせよ、社会局の中でも、どちらかというと「隅」のほうにありました。しかし新たな問題が起きると、ここが引き取るという「慣習」もあったようです。ホームレス自立支援法が二〇〇二年に成立したときも、結局窓口が地域福祉課へ「押し付け」られました。現在では、これらに加えて、「成年後見制度利用促進室」「消費生活協同組合業務室」「生活困窮者自立支援室」「地域共生社会推進室」が設けられています。

炭谷は二〇〇〇年に「社会的な援護を要する人びとに対する社会福祉のあり方に関する検討委員会」を立ち上げていますが、これは今述べたコミュニティ・ケア改革を日本で新たに進める前提にどのような社会問題を置いたかがよくわかる内容でした。すなわち「心身の障害・不安」(社会的ストレス問題、アルコール依存など)、「社会的排除や摩擦」(路上死、中国残留孤児、外国人の排除や摩擦など)、「社会的孤立や孤独」(孤独死、自殺、家庭内の虐待・暴力など)というまとめ方で、福祉国家ver.2, 3における新たな社会問題が広がっていることを整理し、これに対処するために、次の四つを提言しました。①社会的包摂のための社会福祉の模索、特に公的制度の柔軟な対応を図り、さらに社会福祉協議会、自治会、NPO、生協・農協、ボランティアなど地域社会におけるさまざまな制度、機関・団体の連携・つながりを築くことによって、新たな「公」を創造していくことが望まれる。②問題の発見把握それ自体の重視。金銭やサービスの供給だけでなく、情報提供、問題の発見把握、相談体制を重視し（社会福祉の方法論の拡大・確立）、社会的つながりを確立していく必要がある。③問題把握から解決までの連携と統合的アプローチ。問題の発見・相談は、必ず何らかの制度や活動へ結びつけ、問題解決につなげるプロセスを重視する。④基本的人権に基づいたセーフティネットの確立。

　これらの提言のうち①〜③は、地域福祉計画や二〇一三年に成立した「生活困窮者自立支援法」にも共通するものですが、この検討会では、具体的な社会的排除や孤立それ自体が重視され、その解決につなげるアプローチが強調されたところが、「地域共生社会」形成へ収斂していく地域福祉とはやや異なっています。また高齢者介護の「普遍ニーズ」に依拠して、介護保険に至った第一世代のコミュニティ・ケアとは異なって、虐待、ホームレス、自殺などのシリアスな問題を一応並べたところは、シーボーム報告時のイギリスとよく似ています。

　興味深いことは、この二〇〇〇年が内務省に社会局が作られて八〇年の節目にあったことです。炭谷はこれを意識してか、戦前から活躍していた社会事業団体などをこの検討会のメンバーに加えています。新たな問題も古い問題も社会福祉事業の新たなアプローチの中に包み込んでいこうとしたのかもしれません。こうしたことを勘案すると、社会福祉法に位置づけられた地域福祉とは、新旧の「特別枠」の雑多な社会福祉事業を、「地域」という「普通枠」を強調して、再生させようと考えたのではないか、という推測ができます。地域という「普通枠」の中で、または地域という「普通枠」の共助が支える社会福祉サービスというポジションですね。

しかし、地域福祉計画の策定は、現実にはなかなか進みませんでした。厚生労働省の資料では、二〇〇六年九月末時点で策定が終わっている市町村は二二・九％にすぎず、その年度内の予定を含めても三三・八％という状況でした。そうしたことも見込んでか、まず二〇〇一年に社会保障審議会福祉部会で地域福祉がテーマに取り上げられ、〇二年には「市町村地域福祉計画及び都道府県地域福祉支援計画策定指針の在り方について（一人ひとりの地域住民への訴え）」が発表されました。審議会が「住民への訴え」とするのは異例でしょう。[*13] ただし、議論のプロセスでは、地域福祉の定義や地域の福祉文化などへの言及があり、計画を作る前提がまだ混沌としていたと思います。

さらに二〇〇七年に「これからの地域福祉のあり方に関する研究会」が開催されて、いわば「後付」で「これからの地域福祉」を考えようということになりました。この研究会報告書（二〇〇八年）によれば、まず「人々の移動性や流動性が高まり、個人主義的傾向も強まる中で、『ご近所』の人間関係が形成されず、地域の求心力の低下を招いている。特に大都市においては、オートロックのマンションに民生委員が入れないという状況」があり、他方で中山間地では地域社会の維持さえ困難という現状認識があります。しかし、地域では「ボランティアやNPO、住民団体による活動による『新しい支え合い』が広がっている」ことに注目します。他方で「地域には、現行の仕組みでは対応しきれていない多様な生活課題」や「対応が難しい生活課題」があるが、これらの生活課題は、「誰もがいつかは遭遇する課題」であり、その意味では、これらの課題を自らの問題であると認識し、住民間でそれを共有して解決に向かうような仕組みを作っていく必要があると説きます（傍点は引用者）。したがって地域福祉の福祉概念は、「公的な福祉サービスにおける福祉からイメージされるものよりも自ずと幅の広いもの」になり、住民の地域福祉活動と公的な福祉サービスとのつながりによる「地域における『新たな支え合い』（共助）を確立する」ことが地域福祉だとしました。こうして「住民が地域の生活課題に対する問題意識を共有し、解決のために協働することは、地域での人々のつながりの強化、地域の活性化につながることが期待され、その意味で、地域福祉は、地域社会を再生する軸となりうるといえる」として、地域再生＝地域福祉の戦略が示唆されています。武川の整理した「コミュニティ形成」は、過去のものではなく、再び出てきたわけですね。

この地域再生とのリンクは、二〇一四年の地方創生法を経た一六年の「地域力強化検討会」ではより踏み込んだものになっていきます。二〇一五年十月に安倍内閣は「一億総活躍国民会議」を開催し、「希望を生み出す強い経済（名目GDP六〇〇兆円）」「夢をつむぐ子育て支援（希望出生率一・八）」「安心につながる社会保障（介護離職ゼロ）」の新しい三本の矢による日本の成長隘路の打開策を打ち出しました。翌二〇一六年六月には、このロードマップ「ニッポン一億総活躍プラン」を閣議決定します。厚生労働省は、この政治プランのフレームの中に、厚生労働省の政策を組み込もうとするわけですが、その作業の中で、「地域共生社会」というコンセプトが出てきたことが『生活困窮者自立支援法から地域共生社会へ』（宮本ほか編 二〇二三）という本で詳しく述べられています。[*14] この本は生活困窮者自立支援法の成立と展開を厚生労働省の官僚などを対象としたオーラルヒストリーとしてまとめられたものですが、生活困窮者自立支援法も地域福祉計画も、介護保険も、子育て支援も、この「地域共生社会」というコンセプトで再構築されていく経過がリアルに描かれています。厚生労働省は、すぐさま「我が事・丸ごと」地域共生社会実現本部を立ち上げ、「地域のあらゆる住民が役割を持ち、支え合いながら、自分らしく活躍できる地域コミュニティを育成し、福祉などの地域の公的サービスと協働して助け合いながら暮らすことのできる『地域共生社会』を実現する」、とその内容を説明しました。「我が事」が共助社会、「丸ごと」は縦割りからではなく、複合課題の丸ごと世帯の丸ごと、とりあえずの丸ごと、というような表現で、制度の狭間に落ちないような支援、というニュアンスです。

二〇一七年の社会福祉法改正では、支援を必要とする住民（世帯）が抱える多様で複合的な地域生活課題について、住民や福祉関係者による把握、関係機関との連携等による解決が図られることをめざすこと、および市町村が包括的な支援体制づくりに努めることが規定されました。また小中学校区等の住民に身近な圏域での体制づくりも示唆されました。

同年一二月には、厚生労働省子ども家庭局長、社会・援護局長、老健局長連名の通知が出され、福祉の領域だけでなく、人・分野・世代を超えて、「人」「モノ」「金」「思い」が循環し、相互に支える・支えられる関係が不可欠であることが強調されました。二〇一九年には「地域共生社会検討会」が開催され、①断らない相談支援、②参加支援、③地域づくりに向けた支援を一体的に実施する新たな事業を創設すること、この新たな事業は実施を希望する市町村の挙手に基づく任意事業とし、新たな事業の実施に要する費用に係る市町村の支弁の規定および国等による補助の規定を新設しました。

以上の経過を見てもわかるように、「地域福祉主流化」は雪崩を打つように「地域共生社会」形成に変貌していき、地方創生と同じく「ニッポン一億総活躍」という政治上のテーマへ寄り添うことになります。もちろん社会政策も全体の政治課題をにらみながら、政策立案していかざるをえないわけですが、「地域共生社会」というコミュニティ形成が突出して、人びとの生活課題はどこかへいってしまった感もあります。

4　生活困窮者自立支援事業および重層的支援体制整備事業

　この経過の中で、大きな役割を果たしたのは二〇一三年に成立した生活困窮者自立支援法と、これに関わった厚生労働省官僚や研究者、自治体職員、民間団体でした。この前提には、先の一九九〇年代後半からの新たな社会問題の延長で、次第に深刻化していった若年者の失業や非正規労働者の増大、「ネットカフェ難民」などといわれたホームレス問題の変容などがあります。また発達障害、精神障害などとも関わって「生きづらさ」というような言葉が盛んに使われるようになりました。特に二〇〇八年のいわゆるリーマン・ショックは、一九九〇年代以降低迷していた日本経済に追い打ちをかけ、当時製造業にまで拡大されていた「派遣」労働者をはじめ、有期契約者の期間満了や中途解除が激増するだけでなく、会社の寮や借り上げアパートで暮らしていた労働者が住むところを失う事態まで引き起こされました。これに対して二〇〇八年末から翌年一月五日まで東京の日比谷公園に「年越し派遣村」が開設され、大きな話題となったことはよく知られていますね。この「派遣村」はホームレス支援をしていたNPOや派遣ユニオンなど労働組合などによって実施され、たくさんのボランティアも集まりました。ここから、ワンストップ・サービスといわれるような場所の整備による支援や、当事者の問題に合わせてオーダーメイドで支援を調整していくパーソナル・サポート・サービス事業、つまり「人」に合わせたサービスの必要が提起されていきます。パーソナル・サポート・サービス事業は内閣府においてモデル事業として展開されました。

リーマン・ショックによる混乱への政府の対策は当初、就職安定資金融資のような貸付主体の対策でしたが、のちには、訓練・生活支援給付や、生活保護の住宅扶助と同額の住宅手当を特別措置として最長六カ月支給する事業などが盛り込まれました。結局この訓練・生活支援給付が二〇一一年十月に求職者支援法として恒久化され、第二のセーフティネットと位置づけられました。第二のセーフティネットとは、雇用保険が第一、生活保護が最後のセーフティネットだとすると、その中間という意味です。

求職者支援法は非正規雇用労働者やフリーランスなど雇用保険にカバーされていない人びとへ、①職業訓練を口実として、②職業訓練受講金という名の生活保障（月十万円）を、③本人と世帯の収入および資産が一定以下を条件として支給し、④さらに通所手当と寄宿舎手当がつく、というもので、雇用保険の付帯事業として、国庫負担五割でスタートしています。

生活困窮者自立支援法は二〇一三年に成立しました。この成立のプロセスは、先に紹介した本に詳しいので、そちらを参照していただきたいと思いますが、この中心人物であった厚生労働省の山崎史郎によれば、先のパーソナル・サポート・サービス事業の制度化が実際上難しかったということがあり、生活保護の給付とケースワークを分離し、後者を若者支援なども含めて幅広い対象への「生活支援法」として構想したそうです（同上、六九－七〇頁）。山崎の構想では、「第二のセーフティネット」というより生活保護利用者の生活支援も兼ねるものだったようですが、結局生活保護制度内の自立支援とは合体せず、その手前の「第二のセーフティネット」という位置づけで制度化されました。制度の内容は、パーソナル・サポートを受け継いだと見られる自立相談支援事業と住居確保給付金（国負担三／四）が必須事業、任意事業として、就労準備支援事業、就労訓練事業（中間就労）の認定、一時生活支援事業（国負担二／三）、家計改善支援事業と学習支援事業（国負担一／二）としてスタートしました。相談だけでなく、給付事業や訓練、認定、ホームレスへのシェルター提供まで、実に雑多な事業が、国負担割合もバラバラに盛り込まれたことになります。

なお、ホームレス自立支援法は時限立法とはいえまだ存続しているのに、一時生活支援事業はそれを吸収したわけですが、ホームレスという、いわば「究極の貧困」を生活保護の手前の「第二のセーフティネット」に位置づけたというスゴ技ですね。また就労支援はむろん軽視できないわけですが、これを議論した社会保障審議会特別部会では、中間就労のような提案をする社会福祉分野の議論には労働政策の観点から賛同できないというような意見もありました。結局、就労関係は、労働行政の対象になりにくいケースを引き受けることが想定され、この困窮者支援法より前から、若者の多様な課題に対応してきた地域若者サポートステーション（若者サポステ）は、数も少ないことから、重なるところは困窮者支援だが、両者で協力し合う、というような整理になったようです。

さらに、家計改善支援事業は、自己破産などによる借金整理や未払い賃金の回収など、一九七〇年代のサラ金問題以降の「消費者問題」や労働問題への法的支援が一つの柱となっています。社会福祉において貧困は最低限からゼロまでの収入状況と考えるのですが、実際はマイナスの状況が普通です。家計改善というネーミングの古さや生活介入の危険を置くとすれば、借金問題がようやく社会福祉の制度内に入った意義は大きいと思います。ただし、自己破産や貸付、所得保障などはこの法律外になり、それらとの協働なしには課題解決にはなりません。

このように、まだ未消化で雑多な内容をもつにもかかわらず、生活困窮者自立支援法の成立過程を主に社会・援護局の官僚のオーラルヒストリーで辿った先の本では、「相談事業」にウェイトがあり、しかもこの相談は給付の準備作業ではなく、相談それ自体が給付（手続的給付）であるという解釈を示して、相談の事業化を絶賛しています。この本の編者である社会保障法学者・菊池馨実は相談を「個人の自律を支援する」ものという文脈で位置づけています（同上、三九七頁）。菊池は社会保障を、最低生活保障の憲法第二五条というよりは、個人の自由と幸福追求権を謳った第一三条を基礎に再構築する必要を主張し、その個人の自律を支援するのが相談事業だとしていますが、これは福祉国家のver.2, 3のリスクが、工業社会の集合的リスク管理では不可能になったこととも符合して、一定の説得力をもったかもしれません。ここでは問題状況は一人ひとり異なることが強調され、所得貧困より社会的孤立（関係貧困）が重要問題で、パーソナル・サポートが必要という文脈になり、したがって、相談者の養成が相談業務と並ぶもう一つの柱となりました。こうした個別相談の重視は、ヨーロッパでも社会的排除論を下敷きに、個人ベースの社会的伴走支援が強調されましたので、それらの参照もあったでしょう。

しかしここには三つの問題がありました。第一に、自立相談支援は収入・資産などの条件を問わない「断らない相談」が標榜されましたが、住居確保給付金、就労準備支援事業、一時生活支援事業は世帯単位で収入・資産の条件をつける（貧困テスト）など、同じ「生活困窮者」といいながら利用者の捉え方がまちまちだったことです。実際の事業実績から見ると、新型コロナの影響もあって住居確保給付金事業が大きな役割を果たしました。住居確保給付金の支給決定件数は、二〇一五年度から一九年度は、約四千〜七千件であったものが、二〇年度は約一三万五千件に急増、二一年度は約四万六千件、二〇二二年度は約二万四千件となりました。また、ここに新型コロナによる特例措置としての再支給決定件数が加わり、「生活困窮者の生活の下支えとして大きな役割を果たした」と厚生労働省は記しています（住居確保給付金の支給実績〔申請件数、決定件数、支給済額〕二〇二三年、厚生労働省HP）。「生活困窮者の生活の下支え」という白々しい表現よりは、経済危機、災害、新型コロナのような疫病などが起こるたびに、住居確保が問題になる構造が一九九〇年代より続いている事実に目を向けることが重要ではないでしょうか。日本はいまだに住宅手当のような所得保障を確立できないでいるので、このような短期の給付金にも殺到した、というのが実態だと考えます。

なお事業実績との関連でいうと、自立相談支援事業は、重要業績評価指標として件数のほか「就労・増収率」と「自立改善・ステップアップ率」の目標値を毎年定め、その効果も、これらの達成率で示されています。菊池のいうような「個人の自律を支援する」相談を、「就労や増収」、またそのための「意欲や社会参加」の単年度ごとの達成率で測れるのでしょうか。さらに総務省の「行政評価・監視報告書」では、保護率の増加が抑制できていることで制度の意義を評価している自治体や、自立相談支援によって就労した者について、生活保護を受けていたと仮定した場合と比較してどれだけ経費負担が軽減されたかを算出して、それがこの制度の効果だとした機関もあった、と叙述しています（総務省 二〇二二、二八－二九頁）。「就労・経済自立」と生活保護削減のための制度という理解ですね。

第二に、中心にある「相談」や支援を担う人材養成の重視は、奥田知志の「伴走型支援」のような、ある意味でエンドレスな支援の参照や「断らない相談」のためには不可欠です。ましてこの相談には、ニーズのアセスメントから支援プランの作成、事業利用や関係機関への結びつけなど、ケアマネジメントの側面も強くあります。それにもかかわらず、相談員の配置数や労働条件への配慮がほとんどないことは大きな問題でした。そもそも、この制度の実施主体は福祉事務所をもつ自治体とされ、多くの事業はさまざまな団体へ委託することになりましたので、この事業の成果は、自治体の意欲や予算、委託団体の力量に大きく左右されることになりました。生活困窮者自立支援法等に基づく各事業の二〇二一年度事業実績調査集計結果（厚生労働省 社会・援護局地域福祉課生活困窮者自立支援室）によれば、自立相談支援事業の直営は三割弱、委託が六割を超えています。委託先は七七・三％が社会福祉協議会で、次いでNPO法人ですが、自立相談支援事業を受託している社協が二〇二二年に実施した調査

「コロナ禍における生活困窮者支援の状況に関する調査」によると、受託している社協内における自立相談支援事業の担当部署は、「生活福祉資金貸付事業と兼務」が最も多く一五二社協（四四・二％）、また自立相談支援事業内の職種間（主任相談支援員、相談支援員、就労支援員の三職種）では、二職種以上兼務している者は全体の約二五％だったそうです。さらに正規職員の割合は五三・六％であり、特に人口十万人以上の社協ではその割合が四一・八％にすぎませんでした。新型コロナウイルス禍における相談者増もあって、人員増要求がこの調査でも挙げられていますが、職員数が変化していない社協の場合、自治体に要求しても通らなかったという回答があったそうです。

自治体が直営で行う場合も、近年の公務員の非常勤化は、二〇一七年に地方公務員法と地方自治法が改定され、二〇二〇年四月から導入された「会計年度任用職員」制度によってさらに加速されています。二〇二三年の総務省の「令和五年度 会計年度任用職員制度の施行状況等に関する調査結果」では、地方公務員の臨時・非常勤職員数は七四・三万人で二〇年度の六・九％増となっており、そのうち八九・一％が「会計年度任用職員」と位置づけられ、その八八・八％がパートタイム勤務となっています。この任用職員のうち社会福祉関係と書かれた職種を自治体別に見ると、社会福祉主事、児童福祉司、精神保健福祉士、ソーシャルワーカー、自立支援専門員、家庭相談員、保育士などが列挙されており、また教育関係ではスクールカウンセラー、スクールソーシャルワーカーなども挙げられています。もともと福祉系の公務員では、婦人相談員など非常勤が多かったのですが、昨今は生活保護ケースワーカーから各種相談員まで、任期付きパート採用が増えている傾向が明らかです。「会計年度任用職員」

は原則一年度内の雇用となり更新は二回が限度なので、経験を蓄積していくことが困難といえます。

第三に、より根本的な問題は生活保護との関係にありました。すでに述べたように、生活保護の手前なのか、それも含む生活支援なのかの混乱がまずありました。次に、生活保護法の生活困窮者という同じ表現を使用したこともこの制度をわかりにくくさせました。二〇一八年の改正で生活困窮者の定義の明確化が行われ、「就労の状況、心身の状況、地域社会との関係性その他の事情により、現に経済的に困窮し、最低限度の生活を維持することができなくなるおそれのある者をいう」となりましたが、はたして明確になったでしょうか。さらに、生活困窮者自立支援法は単独ではなく、適正化や自立助長策を強化することになった、生活保護法一部改正案と抱き合せで上程されました。すなわち、生活保護廃止時に支給される就労・自立給付金、健康管理や家計管理指導、不正受給への厳正な対処、医療扶助の適正化などの改正案を同時に出したのです。この経緯は、先の本に詳しく、たとえば、生活困窮者自立支援法の特別部会の会長であった宮本太郎は「非常に皮肉なことに、この一体改革（社会保障・税の一体改革）やら困窮者支援制度という流れと関係ないどころか、むしろそれにアンチの潮流がすすめた生活保護バッシングが困窮者支援制度実現の政治的機会を生むことになります」と述懐しています（同上、一九六 - 九七頁）。

もっと大きな問題は、生活保護法の一部改正だけでなく、保護基準の大幅な引き下げを同時期に進めたことでした。生活保護基準とは、通常は生活扶助基準を指し、それをどのように設定するかは厚生労働大臣の裁量に委ねられていますが、日本の福祉国家の設計上、重要な課題であり続けています。

他の所得保障や地域最低賃金、また税制上の非課税基準などの決定に直接・間接の影響を及ぼしている存在だからです。マーケットバスケット方式から出発したその基準は、現在では一般世帯や低所得世帯の消費動向との比較で、相対的に決められるものとされ、政府経済見通しの民間最終消費支出の伸びを基礎として設定されてきました。しかし二〇〇四年に「生活保護の在り方に関する専門委員会」を経て老齢加算、母子加算が廃止されたのを皮切りに、一一年に設置された社会保障審議会生活保護基準部会において、生活扶助基準の検証だけでなく、住宅扶助、冬季加算、一時扶助などの検証を立て続けに行い、一三年には、検証とは別にデフレ分考慮として独特の物価指数を使って全世帯について引き下げ、その結果、一三年度から三年間で六七〇億円程度（国費ベース）の財政削減効果を引き出したと、厚生労働省自身が誇っています（第一四回社会保障審議会生活保護基準部会資料二）。生活保護基準で財政削減効果を誇るというのも奇妙な感じがしますが、よほど財源削減を迫られていたのでしょう。しかし私は二〇〇四年の在り方委員会から基準部会まで委員として参加しましたし、生活困窮者自立支援法の特別部会の委員でもあったので、厚生労働省の生活困窮者自立支援法への異様ともいえる熱意と、同時期の保護基準の引き下げ提案は、同じ社会・援護局が、同じ「生活困窮者」に対して行おうとした政策とはとうてい思えませんでした。もちろん、このような個人的感慨とは別に、生活保護制度は生活困窮者自立支援法にとっても重要な援助資源です。その資源を弱める方向の中で成立してしまった不幸は、この支援自体の効果に最初から歯止めをかけてしまったのではないでしょうか。

基準引き下げの容認は、福祉事務所の生活保護相談や支援のより危ういな状況を伴って進んでいるようにも見えます。生活困窮者自立支援事業の標榜する「断らない」相談は、事業化されたことに特徴がありましたが、もともとは福祉事務所の役割だったものです。そもそも福祉事務所は生活保護だけではなく、幅広い福祉相談の窓口として、「福祉区」ごとに置かれていました。そこに配置される「現業員」とはソーシャルワーカーだと解釈されてきました。一時期は、福祉事務所センター構想なども議論されたことがあります。しかし、老人保健や介護保険の展開の中で、ケアマネジメントを担う地域包括支援センターが設置されたり、障害者にも「計画相談」が持ち込まれたり、さらにこの困窮者支援が窓口を設置したこともあって、福祉事務所の役割は限られたものとなってきました。その中で、生活保護相談が大きく変貌したことについては支援者たちのさまざまな証言があります（たとえば、稲葉ほか編 二〇二〇）。なかでも、福祉事務所に生活保護相談に行ったら「予約」が必要と追い返されたという話は、生活困窮者自立支援法の「断らない」素晴らしい相談となんとあざやかな対比でしょうか。また、最近では「水際作戦」だけでなく、利用決定がなされた世帯に対して、一日千円ずつ支給のような分割支給の常態化や、警察OBを多数配置していた自治体の問題も発覚しています。

さて、「地域共生社会」の方向は二〇二〇年の社会福祉法の一部改正によってさらに具体化しますが、この目玉は、重層的支援体制整備事業でした。この前提は地域福祉計画や生活困窮者自立支援と同様、「これまでの福祉制度・政策と、人びとの生活そのものや生活を送る中で直面する困難・生きづらさの多様性・複雑性から表れる支援ニーズとの間にギャップが生じてきた」という認識です。そこですべての地域住民に対して、①「包括的相談事業」、②「参加支援事業」、③「地域づくり事業」、の三つの事業の体制整備をするという内容になります。このうち参加支援とは「社会とのつながりをつくる」支援であり、就労支援（中間就労）や居住支援、居場所提供などが挙げられていますが、この参加と住民の交流の場を作っていくという「地域づくり」の差異はあまり明確ではありません。またこの参加が、地域福祉計画でいう計画立案や実施への住民参加とは異なることに注意が必要です。

重層的とは縦の制度を重ねて実施するという意味と考えられますが、このための方策として、「交付金の一体的交付」を可能にし、また①②③を行う「地域型事業拠点」の創設も謳っています。なお「これまで培ってきた専門性や政策資源を活かすこと」を留意点として挙げており、新しい事業ではなく、既存のものを活かすこととして、「問題解決」と「関係づくり」は両輪であることをあらためて強調したことは注目すべき点です。これは生活困窮者自立支援法や「地域共生社会推進検討会」報告においては、「つながること」が強調され、その「つながりの構築」が地域共生社会を作っていくというように理解されてきたものとは、ややトーンが異なっています。それは一つには介護保険や子ども・子育て支援、障害者支援なども含んだ包括プログラムであるため、「タテ」の限界を強調しすぎるのもためらわれたのかもしれません。また重複によって費用が増えるのではなく、節約にもなる点が重要ですから、より現実的な対応が求められたといえます。実際、包括相談にしても、新たな総合窓口を作るだけではない対応も求めています。

重層的支援体制整備事業の設計に関わった厚生労働省の野崎伸一は、この事業は、社会保障のメインシステムをつなげることと、すべての住民をカバーするサブシステムとして設計したと述べていますが、地域福祉や生活困窮者自立支援事業にむけての熱狂的ともいえる議論が、より現実的な解に向かったようにも見えます（宮本ほか編 二〇二三、三二八―二九）。さらに、野崎は、個別支援から地域づくりが生まれるというよりは、両者をいったん分け、地域づくりは地域にアプローチする方向でいけば、「楽しく地域を活性化していこうと言っている人の集まりと出会うことで、化学反応が生まれて」いくというような、地方創生とのシナジー効果にも期待しています（同上、三三九頁）。とはいえ、厚生労働省レベルでメインとサブという「解」を見つけたとしても、実際の自治体行政にこれをどう取り込んでいくかは、なかなか難しいでしょう。「稼ぐ地域」をめざす地方創生との化学反応もうまくいくかどうかはわかりません。このためか、これまでになく懇切丁寧なマニュアルや動画、研修などによる「助言」がなされているところです。

この事業は二〇二一年度から始まった任意事業ですが、二二年度には、重層的支援体制整備事業を一三四自治体、重層的支援体制整備事業に向けた移行準備事業を二二五自治体が実施もしくは実施予定となっているそうです。自治体との質疑応答を見ると、交付金など予算絡みのものが多く、予算がつくならば手を挙げようということなのかもしれません。

5 「タテの限界をヨコで」というフレーミングと「丸ごと」理解

介護保険や基礎構造改革が「措置から契約へ」というフレーミングを盛んに使ったとすれば、地域福祉化は、課題解決型の「タテの制度」の限界を過度に強調し、それを「ヨコ」にマネジメントしながら、あくまで個人に「伴走する」というフレーミングで進行しました。

図書館とか公園のような一般サービスを除けば、社会保険にせよ社会福祉サービスにせよ、「普遍型」にせよ「選別型」にせよ、何らかの対象規定と給付条件は、必ずつきまといます。したがって、そこから「こぼれ落ち」たり、どの制度にも当てはまらない「制度の狭間」といわれるような問題は、必ず生まれるでしょう。障害認定基準などはその最たるものといえます。これは社会福祉だけに限りません。経済、法律、政治、教育、学問などあらゆる分野での分業化は近代化の基礎にあり、またその組織はマックス・ウェーバーのいう官制の方向を辿りますから、「タテ」の制度や組織が、人びとの総体としての生活や民主主義にとってマイナスの作用を及ぼすことは、ある意味では当たり前のことといえます。別に「タテの制度」が現代の生活課題と合わなくなったからではないのです。

その場合の対処の一つは、その制度自体の見直しをすることです。近年の社会福祉の制度が三年ごとの見直しをかけているのも、現実と合わない部分があれば修正することを含んでいると思われ、「タテ」の制度がそれほどリジッドでなければならない理屈はありません。実際、社会保険制度も多及していません。

くの改正を経てきています。「タテの制度」の限界の強調は、このような制度修正については何も言

もう一つのやり方は、社会保険と社会扶助のような、補完関係にある制度設計をしていくことです。また両者を時代に合わせて編み直していくことです。しかし、日本は国民皆保険皆年金制度の定着過程において、独自の低所得対策を社会保険内部に展開し、生活保護との適切な補完関係を確立しませんでした（岩田 二〇二一、九九－一二九）。さらに一九九〇年代半ば以降の貧困や就業不安に対して、日本はそのような編み直しではなく、先に述べた「第二のセーフティネット」という中途半端な制度を導入しました。たとえば住宅確保給付金がその例です。住宅保障の不十分さについては、研究者だけでなく、官僚も、非営利組織の人びとも口を揃えていっていますが、短期の住居確保給付金がその任に耐えられないことは、明確です。これは生活保護の住宅扶助と同額ですから、それを低所得層全体に波及できるような、「普通の住宅手当」にしていく方向を政策的に模索することこそ「正攻法」なのではないでしょうか。住宅確保給付金に加えて、国土交通省で行われ始めた住宅セーフティネットなどとの連携が強調されていますが、それがどの程度効果的なものなのか、実態をよく見て議論すべきでしょう。この点においても日本は問題含みなのです。

また別の方法として、生活の個別性や総体性を考慮して、ある程度の「裁量」を現場にもたせるということがあります。制度を個別生活へ適用していくために、ソーシャルワーカーを現場に配置することも、ある種の「裁量」権の付与ともいえます。ソーシャルワークは「小売的方法」ともいわれて

きましたが、専門化された制度やサービスを個人や家族に結びつける機能を期待されてきました。「断らない相談」とか「丸ごと」相談が注目されていますが、先にも述べたように、福祉事務所にもそのような幅広い生活相談の受け止めが期待されていたし、自治体の住民相談については、「断わらない」は、ある意味では当たり前のことなのです。ある時期、いくつかの福祉事務所では総合相談窓口を置きました。社会福祉の相談だけでなく、千葉県松戸市では一九六九年に「すぐやる課」を作って、市民の困りごとに対応し、五〇周年を迎えています。東京都葛飾区も二〇一〇年に同様の「すぐやる担当課」を作って、「すぐやる相談」と現場への対応を実施している例もあります。市民と直接つながるストリートレベルの対応を強化した例ですね。

ソーシャルワークの教科書では、「送致（リファー）」という言葉がよく出てきますが、その相談から適当なサービスの部門へ「送致」することは、ソーシャルワークの基本機能です。それができていなかったから提案された重層事業なのであって、「タテの制度」の限界というより、社会福祉分野の公務労働やその組織の問題だったのかもしれません。

もっとも現場「裁量」やソーシャルワークの活用は難しい面もあります。「裁量」は常に「公平」や「公正」の観点からチェックされなければならないし、他方でソーシャルワークはそれが配置された制度の要請に沿うことを期待されるからです。たとえば現代の病院ソーシャルワーカーの主な仕事に「退院援助」がありますが、医療機関は、このために医療ソーシャルワーカーの雇用を促進するようになりました（高山 二〇一九、二一七頁）。入院患者や家族は、入院してすぐ（あるいは外来相談時点で）

退院の計画を示され、その戸惑いに「うまく」介入しつつ退院というゴールにもっていける「技法」が競われていかざるをえない状況があります。生活保護制度は、制度自体に一時保護などの「裁量」部分があり、また申請審査における扶養照会などの扱いが福祉事務所で異なっている傾向があります。一九八〇年代に私が東京都で行ったヒヤリングでも、福祉事務所はそれぞれ生活保護のマニュアルを作っており、特にホームレス状態の人びとの扱いは地域差や、担当ワーカーの差異が大きいものがありました。これが国の制度とは思えないと、ある職員が漏らした言葉が今でも忘れられません。

さらに、地域福祉化の方向の中で、住民の「生活課題」の認識と、それを「丸ごと」「我が事」として受け止めることについても検討が必要です。先述したように、「地域には、現行の仕組みでは対応しきれていない多様な生活課題」や「対応が難しい生活課題」があるが、これらの生活課題は、「誰もがいつかは遭遇する課題」であり、その意味では、これらの課題を自らの問題であると認識し、住民間でそれを共有して解決に向かうような仕組みを作っていく必要がある、というのが地域福祉や地域共生社会の前提となる問題認識でした。ここで私が傍点をほどこしたフレーズのうち、前二つは、必ずしも後の一つに帰着するとは限りません。「誰もがいつかは遭遇する課題」は、たとえば高齢、疾病、子育てあたりの、いわゆる「普遍ニーズ」までであって、福祉国家 ver.2, 3 に出現した格差や貧困問題は決して「誰もがいつかは遭遇する課題」として認識されているとは限りません。したがって「普遍ニーズ」からその「普通枠」を得た高齢者福祉や保育事業等とは異なって、ホームレス、引きこもり、不登校、外国人の排除、孤独死、自殺、家庭内の虐待・暴力などは、すぐさま地域住民の

「我が事」にはなりにくいからこそ、この時点で問題になっていったはずです。

　また「丸ごと」ですが、相談を「何でも相談」としようと、「介護相談」としようと、持ち込まれた相談には、多様な課題が未整理にぶち込まれているのが普通です。これも社会福祉の相談援助においては、昔から意識されていることで、目新しいことではありません。ソーシャルワークのような福祉援助を「生の営みの困難」の緩和・解決をめざして提供されるものと定義した窪田暁子はその著書『福祉援助の臨床——共感する他者として』（二〇一三年）において、問題を抱え込んでいる利用者はその問題の周辺にさまざまに異なる具体的な課題と複雑な人間関係を重ねつつ生活している、としたうえで、しかし「援助のはじまり」において、まず「当面の困難」に名前をつけることが重要だと指摘しています。それは第一に援助課題を明確に限定することで「取り扱い可能な問題」認識に近づくこと、利用者はそれによって同じ問題をもつ他の人と共通の土俵（一般化）に上がることができるからです。第二にそれを援助者と利用者が、わかりやすい同じ言語で共有することができるからだとも述べています。つまり、援助のアプローチにおいて、「丸ごと」受け入れるというよりは、その一部に限定して「具体的に変更可能な部分をまず発見し、それに命名して、目標を立て」、問題を一般化しつつ、制度利用につなげていくことがきわめて大事で「単に『クライアントに寄り添う』とか『何でもご相談ください』と一般的に定義することとは異なる」と厳しく指摘しています（同上、一二二―一二三頁）。「丸ごと」は一見素晴らしく響きますが、実際の専門援助は「丸ごと」を解きほぐし、分節化しながら進むようなものではないでしょうか。また窪田のいう「共通の土俵に上がる」プロセスを援助者が認識していないから、制度に結びつけられないといえるかもしれません。

これに対して、いや「問題解決」はよいので「相談」や「関係」が大事なのだという反論があるかもしれません。奥田の「伴走型支援」はこれに近いといってよいでしょう。これについては後であらためて議論したいと思います。

6　地域ノスタルジアと近隣共助の仕掛け――「負の移動」の中で

地域福祉にせよ、地方創生にせよ、「地域」とか「地方」という言葉は、「ふるさと」を想起させ、何やら懐かしい山河のような響きをもち、私たちの生活の原点のような感じがあります。「'Community Care: Fact or Fiction'（コミュニティ・ケア――事実かフィクションか）」という、イギリスの社会政策学者リチャード・ティトマスの有名な講義がありますが[*15]、彼はこの中でコミュニティ・ケアという語の社会的起源は謎だが、それは「温かさと人間的な優しさ、本質的に個人的で心地よい、愛に満ちた感覚を呼び起こさないだろうか」と述べ、しかしそれは、単なる雑草を、法制度とその呼称のマジックによって、魅惑的な草花に変えたにすぎないと皮肉っています（Titmuss 1968, 1976: 104–05）。日本の地域福祉とか地域での共生という言葉も同じかもしれません。

では、社会福祉の地域福祉化の中心にある、地域とは、私たちの生活にとって何なのでしょうか。武川も指摘しているように、私たちの生活はある地理的な空間を必要としており、どこかに居住して生活を組み立てています。たとえば私が○○市に住み、「住民登録」をすると、私は○○市の住民ということになり、住民税や保険料を支払う義務を負いますが、それは一応国が国民をコントロールする一つの手法で、私の日本における「形式的帰属」を示すわけです。福祉国家の市民権はこのような形式的帰属を介して発揮されていきます。先述したように、国民健康保険のような社会保険の仕組みも、この形式的帰属を介した「見知らぬ他人との共助」の仕組みといえます。

他方で、この帰属が実質的な帰属感まで伴って、ほとんどの生活を○○市の中で営んでいる人もいれば、そうではない人もいるに違いありません。地域福祉という考え方は、あたかも人びとの生活圏域が地方自治体の行政域と一致し、また小中学校区のような区域は「身近」であるという想定を置いていますが、「身近」の距離は大都市と山間地域ではまったく異なるでしょう。交通手段の発達した現代では生活圏はもっと広域に形成されていると考えたほうが現実的です。私たちには移動の自由があり、むろん転地・転居も可能ですし、県境を越えて通勤通学する場合も珍しくありません。首都圏などで、千葉都民、埼玉都民などというようないい方がされるのは、「形式的帰属」とは異なった「帰属感」や生活行動の範囲が存在していることの証拠です。もちろん、戦前から日本に居住していた外国人（いわゆるオールドカマー）に加えて、一九八〇年代以降はニューカマーと呼ばれる外国人の移住も拡大しています。地域福祉や地域共生社会でわかりにくいのは、こうした多様な層によって地域が形成されているにもかかわらず、まるで封建社会のような地域と人びとの生活が前提され、「顔の見える共助」の構築が模索されていることです。

人びとの交流についても、地域だけに限定されません。先にも述べたように終身雇用制で過ごしてきた人びとにとっては職域の人間関係が退職後も重要かもしれませんし、別に「地域デビュー」などしなくとも、それらの交流を継続している人びとも少なからずいるでしょう。また、障害や難病などを抱えた人びとにとっては、同じ障害や病を抱えた人びととの交流が助けになります。それは情報のやりとりだけでなく、「親密さ」も伴って、まさにコミュニティを形成していくことが多いのは、障害者運動や当事者組織のあゆみを見ればすぐわかることです。特に希少な病気や重度の障害は、狭い地域では仲間は見出せないことが普通ですから、広域的にそのコミュニティを形成していくことになります。

もちろん、基礎自治体は、その住民生活に共通の基盤としての各種生活サービスを提供するわけですが、そのサービスへの関わりも人によって異なるでしょう。子どものいる家族にとっては学校、保育所、公園などの整備が気になりますし、高齢期では保健医療や介護が重要ですね。ごみ処理、水道など多くの人の基礎になるサービスに問題があれば、多くの住民が関心をもつことになるでしょうが、すべてのサービスが均等に関心をもたれることは少ないでしょう。

一般的にいえば、その地域で職業（と家族生活）を営んでいる人と、家族生活だけを営んでいる人では、前者のほうが地域への関わりや関心も深いといえます。第一次産業や商業に従事しているような場合は、当該地域への居住年数も長く、いわば「地元の人」になりますから、行政への参加の度合いも強くなるでしょう。後者でも、持ち家居住と賃貸住宅居住とでは、地域への帰属意識も違うはずです。会社の寮や宿舎で生活することもありますし、単身赴任や通学などでの一時的な居住の場合もあるでしょう。職業によっては広域的な移動が珍しくないこともあります。このように、ある自治体の行政地域と人びととの居住の関係は、一様ではありません。

このような一様ではない居住の実態は、地域移動とも一定の関連があると思われます。この移動は人口や産業の地理的偏在や不均衡の存在が一つの基礎にあります。先の地方創生論を批判した中澤は、経済地理学の立場から、特に地域間の機会の格差を問題だとし、諸機会が土地固着的である以上、人間の側が移動せざるをえないのだから、移動の制約を取り除く個人の自由な地域移動が必要だと述べています（中澤 二〇一六、一一頁）。実際、武川の指摘にあるように、高度経済成長期に人びとが農山村から都市へ移動したのは、都市における圧倒的な就業機会（賃労働者化）と労働力確保の必要にあったわけです。近年の地方創生などでは、Uターン、Iターンなどの都市から地方への移住が奨励されているわけですが、それはどのようなメリットを移動者に示しているのでしょうか。故郷の人間関係でしょうか、子育て支援の厚さでしょうか。いずれにせよ、それらは移動者にとって、何らかの意味で「よりよい生活」を求めての移動であるのが基本で、それは「ポジティブな地域移動」といえるかもしれません。

ところがそうした「ポジティブな地域移動」とは異なって、「ネガティブな地域移動」もありえます。たとえば倒産や失業、借金、近隣トラブル、学校でのいじめ、離婚や家族の暴力、障害者差別などがあって、そこから「逃げる」というニュアンスの移動です。私はこれらの移動を「負の移動」と総称しています。もちろん主観的には劣勢を「挽回」しようとする移動もありますから，「負の移動」と総称するのはおかしいかもしれませんが，たとえば東京のホームレス調査では，高度経済成長期に「金の卵」として東京に集団就職し，そのまま故郷に帰れなくなった高齢労働者が存在する一方で，中年期以降に故郷から「逃げる」ように上京した人びとも目立ちました。そうした場合は，住民登録を移動させるというような手続きを経ないことも少なくありません。これらの人びとへ，大都市の多様な娯楽施設が一時的な住居を提供することもありますし，友だちの家に転がり込むというようなこともありえます。こうした経路で「負の移動」が住居喪失に帰着しやすい傾向は，各地のホームレス調査で確認することができます。また，子どもの虐待についてのリスク要因の一つとして，当該家族の多様な生活不安定とともに，頻繁な転居が挙げられているのは周知のところでしょう。

ホームレスにせよ，虐待リスクの高い家族の転居にせよ，こうした「負の移動」と関わった困難の対応に必要なのは近隣地域ではなく広域的な情報提供やシェルターなどの用意です。これは自然災害などによる移動の場合も同じです。たとえば，東日本大震災による「避難」は広域に及びましたが，それに対応した「よりそいホットライン」のような二四時間電話相談が民間活動として生まれ，またホームレス支援ではメールやＬＩＮＥなどを使った相談，夜間相談など多様な工夫が見られます。それらは，決して近隣的な共助をめざしてはいないのです。

さすがに生活困窮者自立支援法に吸収されたホームレス対策は，広域的な対応を例外的に認められています。虐待についても転居元と転居先の児童相談所の情報共有や移管の判断について申し合わせやチェックシートなども開発されていますが、これらが繰り返し周知されなければならないのは、それが十分ではないからでしょう。地域共生社会とか地域福祉の枠組みは、一見素晴らしく見えますが、それは常に移動する人びとやその問題への対応を「落としていってしまっている」のではないでしょうか。それゆえ、ホームレス支援や自殺防止などを試みているNPOなどでは、地域というよりは、電話やメール、LINEなどのツールを使うなど、地域にこだわらない工夫を行ってきています。

一般的にいえば、「負の移動」や「逃げる」人びとを、送り出す側の地域は、そのことをほとんど気にしていないでしょう。「厄介な人びと」が減ることは、福祉関係者ですらホッとするかもしれません。他方で、「逃げる」先の地域では、「迷惑」に感じることが少なくないのは、たとえばホームレス自立支援法の第一条の、「自立の意思がありながらホームレスとなることを余儀なくされた者が多数存在し、健康で文化的な生活を送ることができないでいるとともに、地域社会とのあつれきが生じつつある現状にかんがみ」という文章からも推察できます。「あつれき」は社会福祉施設の建設、外国人居住などをめぐってもしばしば生じます。

次に、人びとの生活の基礎単位である「家族・世帯」と地域との関係についても触れておきたいと思います。すでに述べてきたように、ある具体的な地域空間での生活の単位は、家族ないし世帯です。地域福祉というと家族を飛ばしてしまう傾向にありますが、地域生活は家族ないし世帯を単位として営まれているのが普通です。もちろん現代では単独世帯が増えていますが、しかしそれらの単身者も、多くは家族の中の子ども時代を経験しているでしょう。

地域と家族・世帯との関係については、主に二つの点が重要です。第一は、先に述べた自治体への住民登録も、世帯を基本としているように、個人は、家族や世帯と一体的に捉えられてきたということです。自治体行政サービスは社会福祉も含めて、世帯単位か、その世帯の一員としての個人という資格でなされることが少なくありません。生活保護や非課税世帯の認定も世帯単位です。他方で近隣関係も、いきなり個人が出てくるというよりは、お隣の「家」というような単位で営まれてきたといえましょう。この場合、伝統的な「つながり」が残っている地域ほど、一人暮らしやひとり親世帯などが「偏見」にさらされたり、ゴミ出しマナーをめぐる「あつれき」が生まれることがありえます。障害のある子どもを育てている家族が都市へ向かうのは療育の機会を求めてというポジティブな理由のほかに、地域の「偏見」から「逃げる」という意味もあるかもしれません。また、賃貸住宅市場でも一人暮らし高齢者やひとり親世帯のアパート入居が難しい問題がありますが、世帯持ちこそが標準としてきた常識や、「何かが起こる」ことが怖いからなのかもしれません。ちなみに、公営住宅も長い間世帯向けに作られてきましたが、現在でも、高齢者や障害者など特定カテゴリー層向けになっていることが多く、若年単身者向けなどはほとんど用意されていません。

第二に、家族・世帯生活は、通常は他の人びとが簡単には入ることのできない「私生活」として営まれ、そこで生じたことは近隣であってもキャッチしにくいのが普通です。家族生活は、愛によって結ばれた夫婦関係、親子関係を通して営まれていると考えられてきていますが、その愛の共同体の中で生じる、虐待や暴力、あるいは共依存関係などが近年大きな問題になっています。信田さよ子はカウンセラーとしての経験から「支配、力、被害、加害、戦略、駆け引き、作戦といった言葉」で語られるべきものとして家族を解釈し直す必要を提起しています（信田 二〇二一、一三七－一三八頁）。ここで扱っている地域空間も含めて、市民社会で生じた暴力や性被害は問題になり、法によって裁かれますが、信田によれば、家族は無法地帯で、それは国家と似ていると指摘しています（同上、四五頁）。

愛の共同体という家族観は地域社会にも、社会福祉関係者にも蔓延していますから、その家族内の出来事に介入することはためらわれるのが普通でしょう。つまり、近隣関係が保たれていても、近隣の人びとが手を出しにくい領域があり、それが現代の社会問題を困難にさせている大きな要因だとすると、地域における関係アプローチは、はじめから一定の限界をもっていると考えるべきかもしれません。なお、施設や学校内部で生じる暴力や虐待についても、その「閉鎖性」によって、表面化が難しいという、家族とも類似の問題があります。しかし、それらは社会的な組織ですから、そこから切り込む道は、家族よりは広いはずでしょう。いずれにせよ、社会福祉の真価は、そこで暮らす個人の人権のレベルで検証されるべきであり、個人を覆い隠し、抑圧する装置があれば、それを問題にしなければ意味がありません。地域が活性化されたり、元気になれば問題が解決されるとは限らないのです。

以上のような側面から見ると、地域福祉や地域共生社会の仕掛ける「共助」によって緩和される問題もあるかもしれませんが、そこから漏れてしまう課題も少なくないことが了解されるのではないでしょうか。それは近隣や基礎自治体という地域空間が万能ではないことを意味しますが、同時にそこに割り振られる資源の制限もあります。特に現在の日本では、あらゆるところで「人手不足」状況があり、それにもかかわらず、社会福祉雇用の非正規化もさらに進んでいます。地域共生社会の掛け声が高くなっても、この面からその実現が危ぶまれるかもしれません。

7　地方改良事業から社会政策へ

社会福祉を地域福祉と読み替えた二〇〇〇年の社会福祉法改正の八〇年前に、内務省社会局が設立されたのは、先に述べたとおりです。二年後には外局として強化拡充されていますが、この社会局設立は、「社会」という名を冠したことも含めて、日本の社会政策、社会事業のエポックメーキングとして知られています。もちろん、社会局の設立は突然のものではなく、一九一七年の内務省地方局救護課の設置、一八年の内務大臣諮問機関「救済事業調査会」（のちに社会事業調査会）による、幅広い社会政策分野についての検討、一九年の内務省地方局社会課設置と布石が打たれてきた結果であったといえます。さらに遡ると、内務省地方局が中心に進めてきた地方改良運動・事業の存在に突き当たります。

地方改良運動とは、日露戦争に勝利した日本が莫大な戦費による国家財政の危機に見舞われ、これを打開するために取られた「民力＝国富の充実」策だったといわれています。この国富の増強は、地方の振興や自治によって図ることが必要で、何となれば国家の基礎は地方にあり、地方の主力は市町村だから、というロジックで説明されています。この運動の具体的課題は、①民力充実の基盤たる農村の生産力増強であり、従来の家単位の営農ではなく、「産業組合」や「貯蓄組合」などの組織化が推奨されたこと、②市町村における一定の「自治」の強化を打ち出し、自治は自分の懐から金を出してやることなので、その地域に応じて節約すべきだとしたこと、③以上の実現に向け、個々の住民の奮闘と参加とを自発的に支えるものとして公共心が奨励されたこと、であったといわれています（斉藤 一九八二、一七三–七六頁）。何やら地方創生と似ていませんか。

この地方改良運動と軌を一にして進められたのが、感化救済事業です。この用語は、一九〇八年の内務省主催第一回感化救済事業講習会を機に広まり、少なくとも一六年頃まで内務省の下で用いられたもののようですが、感化＝不良青少年の善導という範囲を超えて、地方団体の自治経営の確立を図るという広い意味をもっていると池本美和子は指摘しています。つまりこれは地方改良運動と同じく地方再編という政治課題の中で生み出され、「『救貧よりも防貧』『防貧よりも感化・教化』『独立自営・自助』の推進」（池本 一九九六、四〇頁）を行うものだったようです。防貧＝貧民を作らないための隣保相助や市町村の事業の推奨であり、「国家の良民」を作っていくことがめざされたといえます。

日本は本格的な救貧法をもたなかった国ですが、それでも恤救《じゅうきゅう》規則があり、鰥寡《かんか》孤独の範囲で個人救済の道がありました。ところが地方改良運動や感化救済事業によって、市町村が隣保救済でまず実施し、市町村に資力がない場合にはじめて府県が行い、やむをえない場合にのみ国庫費より支給するという、補完性の原理が示されたり、また個人ではなく自活の道を与える救済事業団体に補助することが可能になるなど、個人救済が狭められていきました。救貧なき防貧といわれる所以です。池本は、この個人救済の制限による費用の振替で、感化救済事業の費用が捻り出されたと述べています（同上、三二、四一頁）。これまた、第二のセーフティネットと生活保護の関係が彷彿とされますね。ただし、一九一七年に創設された軍事救護法は、傷病兵自身や戦死者の遺族、下士官兵の応召で、生活困窮に陥る家族という限定付きですが、全額公費による生活扶助、医療、助産および生業扶助と埋葬費を支給するものでした。一九一九年の内務省救護課は、さしあたりは、この業務をするために設けられたのです。

この内務省救護課から社会局の設立にどれほどの飛躍があったのかは、論者によって見方が異なりますが、社会局の設立過程を追った山本悠三によれば、救護課から社会課、そして社会局設立には「行政的にも思想的にも大変化があった」と田子一民は認識していたようです（山本 一九九六、二一五頁）。田子は救護課の最初の課長であり社会局設立の功労者ですが、社会行政・労働行政・保険行政を一括した国家行政機構として「社会省」案をもっていました。この背景には、広範な社会問題の登場と、ヨーロッパでの見聞があると思いますが、一九一七年の米騒動は、田子だけでなく、内務省全体へ与えたインパクトが大きかったことが指摘されています。米騒動は富山の一漁村から、全国に波及しましたし、その収束後も物価高、生活難は解消されず、労働争議件数も拡大していました。社会局は、いわばそうした全国的な社会問題への国家のコントロールの拠点として意識されたのであり、逆にいえばそれまでの地方改良や感化救済事業ではこれらの社会問題には対応できないという認識が広がったと考えてよいでしょう。

このような歴史的経緯を勘案すると、社会福祉の地域福祉への読み替えは、危機のときは地方へ目を向けるという日本の特性が確認されるとともに、しかし地方改良・感化救済事業から社会局を創設していったベクトルを逆に向けることではなかったかという疑念も拭えないのです。

第 7 章

社会福祉と市民の「参加」

——誰が、どのように参加すべきなのか——

1　市民からのコントロールという理想と地域福祉における「参加」

前章で述べたような多様な課題があるにもかかわらず、地域福祉や地域共生社会という言葉の魔力に惹きつけられがちなのは、第3章で述べたような市民社会における人びとの自由な言説や活動が、国家や資本主義への何らかの影響力をもつというところに、期待があるからでしょう。福祉国家批判が、福祉社会という概念を用いて、国家が社会福祉を仕掛けるだけでなく、市民社会が社会福祉を創造していくことを主張してきたのも、社会福祉をめぐる国家と市民社会の関係からすれば、もっともといえるかもしれません。社会の中で、自由に組織され、活動している非営利組織による社会福祉への関与は、たとえそれが福祉国家の新たなバージョンの中での、ガバナンスの一環に組み入れられたものであっても、国家からの一方的な社会福祉の供与とは異なるように受け取られていきます。

さらに、地域福祉計画や地域共生社会の展開は、市民（住民）参加を不可欠としているので、参加という経路での、市民によるコントロールの可能性を浮上させます。もちろん、「タテの制度」も計画策定においては、何らかの市民参加が要請されていますから、地域福祉だけではないのですが、地域福祉はこれらの「タテの制度」を包含した地域の福祉を謳っていますから、その地域の市民＝住民参加のウェイトが大きくならざるをえません。また基礎自治体における「自治」が意識されると、地域福祉や地域共生社会の価値はさらに高まりそうですね。

　では、その市民「参加」は、どのように位置づけられているでしょうか。地域福祉計画や地域共生社会の事業などを見ていると、「参加」という言葉は、かなり多義的に使われ、誰の、何への参加なのか、わかりにくいところがあります。それを少し解きほぐしてみましょう。まず地域福祉には「推進主体」という規定があります。これは、地域福祉は行政が音頭を取ってやるわけではなく、地域住民、社会福祉を目的とする事業を経営する者および社会福祉に関する活動を行う者、の三者が推進主体だ、とされているわけですね。この三者は「地域住民等」といういかにも行政的な用語で表現されています。この場合、事業者は福祉多元主義の下で、社会福祉政策の実施を分担するわけですから、推進主体であることは明確でしょう。しかし、社会福祉に関する活動を行う者というのはあまり明確ではありません。社会福祉法に示された地域福祉の考え方は、いわゆる社会福祉事業より広い、近隣の助け合いを含んでいることを強調していますから、福祉活動をしているという認識がない場合もあるに違いありません。他方で、民生委員・児童委員などはボランティアですが、制度的に組み込まれた福祉活動者ということになります。また、ホームレス支援をしているグループや課題を抱えた当事者グループによる活動、場合によっては政策批判や要求を含むような運動を行っている人びともここに入るということになります。

　一般の住民は「あなたも推進主体」といわれたら、「は?」とびっくりすることでしょう。なぜなら、それをどこで誰が決めたのかを知らない人がほとんどだからです。知っていたとしても、自分自身が推進主体であることを是認した記憶がある人はほとんどいないでしょう。多くの人は、税金や社会保険料を支払っているのだから、あるいは支払った過去があるのだから、社会福祉は国や自治体の仕事だと思うはずです。それが福祉国家だからです。ノスタルジーとしての村落共同体における共助は、生産や村落の維持のための「強制装置」があったから存在したのであって、近代社会はそれを打破するところに成立していますから、いくら推進主体と位置づけても、強制することはできません。

そこで、そのような人びとを、地域福祉活動に参加することを行政がそれとなく促すことになりますが、それは「地域への参加」というような言葉で示されます。つまり、地域で生活しているだけでは駄目で、その地域の福祉課題に関与することが「参加」として表現されていることになります。そのような意味での参加を促す仕組みが、地域福祉の一部というわけですね。なお、関与の意味は、やや広い意味での担い手という感じでしょうか。

次に、先に述べた地域共生社会の参加支援事業があります。ここでいう参加支援には、就労支援（中間就労）や居住支援などが挙げられています。たとえば「ひきこもり」といわれる現象など、「孤立」状態にある人びとを、地域社会へ引っ張り出すというニュアンスがありますね。就労支援とあえていわないのは、一般就労に適さない人びとも、「その人に応じての」就労による参加をするほうがよいと考えられているからです。「一億総活躍」を旗印としたアクティベーション政策ですから、地域のあらゆる住民が何らかの役割をもたないと、許されないのかもしれません。ここで参加は、社会で役割を果たす人になる、という意味になります。なお、なぜ居住支援が参加支援なのかはよくわかりません。参加しようとしまいと、居住保障は地域での生活保障の基盤です。

最後に、市町村の地域福祉計画策定や評価における「地域住民等」の「参加」があります。先の武川と平野隆之の対談でも、計画の策定空間は、地方自治の学校だという表現がありましたが、推進主体の自覚がない地域「住民等」も、参加プロセスに組み込むことによって、「主体」として成長できることへの期待があります。

厚労省によれば、「地域福祉計画は、地域福祉推進の主体である地域『住民等』の参加を得て、地域生活課題を明らかにするとともに、その解決のために必要となる施策の内容や量、体制等について、庁内関係部局はもとより、多様な関係機関や専門職も含めて協議の上、目標を設定し、計画的に整備していく」(傍点は引用者) ことを内容とするとされています。推進主体は「住民等」ですが、市町村行政が努力義務を負っています。つまり、実質的には行政が事業者、活動団体、その他の住民の参加を促して策定ということになります。

策定をどのようにするかは、自治体に委ねられますが、住民等のうち、事業者や活動者以外の住民参加は、概ね三つの段階でなされています。①アンケート調査や座談会、タウンミーティングなどによる住民の意向の収集。②策定委員会への参加。これは、町内会など地域住民組織や当事者団体などの組織の参加のほか、公募委員のような形で個人の参加がある場合もあります。③パブリックコメントを通しての意見表明。①や③は意見をいうというレベルになりますが、②は計画内容の決定への参加になります。

なお、事業者や活動団体のうち、社会福祉協議会はかなり特殊な位置にあります。社会福祉協議会は、一九〇八年に中央慈善協会として民間の社会事業家や組織の連絡調整や調査を行う組織をルーツとし、戦後も民間社会福祉の振興連絡機関として、全国レベル、全都道府県レベルにおける組織として再編されました。市町村レベルの組織はやや遅く、一九七三年から強化されていき、地域の住民福祉活動やボランティア活動のセンターとしての機能が期待されていきました。社会福祉法人も特殊ですが、社会福祉法人の連絡調整や地域福祉のセンター機能を果たそうとする社協はもっと特殊で、政府や自治体の福祉行政と、いわば一体化してきたといえます。このためか、市町村の地域福祉計画は、「社協の地域福祉活動計画」と一緒に策定される場合も少なくありません。厚労省の二〇一八年の市町村地域福祉計画策定状況等の調査結果によれば、地域福祉計画を策定している市町村（一三一六）のうち、「社会福祉協議会が策定する地域福祉活動計画と『連動させて策定している』」市町村は約半数であり、『一体的に策定している』『課題把握、ニーズ調査は一体的に行っている』『連動させて策定している（整合性を図っている）』のいずれか一つを実施している市町村は約八割あります」という状況にあります。

他方で、当事者団体も含めて、政策に批判的な活動団体がどの程度参加しているかも大きな問題です。地域福祉計画は、「タテの制度」の計画の上位に位置づけられているので、たとえば高齢者、子ども・子育て、障害者ごとに、当事者や支援団体を首長が指名する、というやり方もあるようですが、たとえばホームレス支援活動をしている団体の参加には慎重なところもあるかもしれません。私はいくつかの地域でホームレス支援計画策定に複数関わった経験がありますが、その場合は町内会やPT

A、民生委員のほか、その地域で活動する支援団体も参加していました。ただし、支援団体の発言が区と相容れない場合は、他の区で活動をしている立場の異なる団体に、当該区での支援事業をわざわざ斡旋して、その団体にも参加してもらうというような出来事もありました。なかなかすごいな、と思いましたが、おそらくこうした水面下の「かけひき」が策定空間への参加をめぐってなされることも、少なくないのではないでしょうか。

もちろん、福祉だけでなく、一般に地方行政の計画を策定する場合にも住民参加方策のあり方が長い間議論されてきましたし、地域福祉論でも参加をめぐる議論は活発にあります。地方自治研究機構による「市町村における住民参加方策に関する調査研究」（二〇一三年）によれば、二〇一一年度に実施した住民参加の手法として、首長宛の手紙、自治会等からの意見の受付、パブリックコメント、住民説明会などは過半数の自治体が取り組んでいるとされています。これを市区町村別に見ると、特に政令市では住民説明会（タウンミーティング、出前トーク等）、住民アンケート調査、首長宛の手紙・メール・投書箱、審議会委員等の住民公募、パブリックコメント、苦情処理・対応（オンブズマン、委員会、データベース化等）などは一〇〇％の実施率となっているのに対して、町村では自治会・町内会等からの意見の受付や収集、パブリックコメント、住民説明会程度になっているとしています（同上、六〇－六一頁）。また計画段階での住民参加の課題としては、「参加者の偏りや固定化」「住民の意識・関心が低く、参加者が少ない」「潜在化している住民層の参加促進や意見等が難しい」「推進する職員が確保されていない」などが上位に挙がっています。調査に応じた自治体職員の意見でも「住民参加、意見聴取、いずれについても特定の市民層に偏りがちになる」と述べた人が多く、他方で「住民全体のものかの見極め」との指摘がありました。これは、自治体職員は「住民の総意」へのこだわりが強く、「個人の意見に引きずられたくない」というホンネがよく出ていると思います。この点は、特に少数者の生活課題を取り上げようとしている地域福祉計画における住民参加にとって、なかなか困難なところではないでしょうか。

この調査に参加した玉野和志は、これまでに多くの参加の方策が試みられてきたが、方策自体の優劣が検討されがちな傾向には警鐘を鳴らしています。方策は具体的な地域特性に応じて、いくつかを組み合わせるような工夫を住民とともにしていくことが重要で、方策自体を切り離して、住民参加の先進例などとするのは問題があるというわけです。「住民参加の方策が有効かどうかは、その方策によって実際に住民や市民の参加や協力が得られ、かつそのことに住民や市民自身が納得しているかどうかで評価すべきなのである。その場合、重要なのはあくまで当該の地域社会の成員がどう評価するかであって、外部からの評価の高い低いを問題にする必要はない」（同上、一三〇頁）と述べています。たとえば、外部からは常に高い注目を集めてきた先進的な自治体であっても、内部の市民にとってそれがどう評価されているかはまた別の問題としていますが、まったく同感です。地域福祉計画などでも、先進例が挙げられがちですが、それでどこまで生活課題が解決され、「共生社会」の実現に近づいているのかは、当該地域の住民（当事者も含めて）が判断すべきなのではないでしょうか。

2 「サービス利用者」「排除された人びと」の「知識とイデオロギーの生産・運用」への参加

さて、市民参加については、一九六九年にアメリカのシェリー・アーンスタインが提唱した「市民参加のはしご」（A Ladder of Citizen Participation）論がありますね。これはとても有名で、今でもさまざまな分野の市民参加の議論では、広く参照されていますので、ご存じの方も多いでしょう。一九六〇年代の公民権運動を背景に、アーンスタインは、市民の参加とは市民への権力の再分配であると捉え、権力の再分配がまったくない、①操り、②治療（不満の吸収）の段階から、形式的参加である、③情報提供、④意見聴取、⑤懐柔（部分的に意見を採用）の段階、さらに、⑥市民と行政のパートナーシップ、⑦市民への権限委譲、⑧市民による完全自治、という段階で「はしご」を公式化しました（Arnstein 1969）。地域福祉計画をこれに当てはめると、どの段階でしょうね？　地域福祉計画は住民が「推進者」であることを前提にしていますから、少なくとも六段目以上に登らないと意味がないといえるかもしれません。他方で「推進者」といっても、無償の労働力調達に都合のよい仕掛けなのだから、結局住民は操られているのだという見方もできるでしょう。

しかし児島亜紀子は、社会福祉領域のボランティア活動を、ミクロな親密圏における権力関係への「抵抗」として積極的に捉える必要があると指摘しています（児島 一九九八）。よく知った人びとの間における他者の生・生命への配慮・関心によって形成維持される「親密圏」は公共圏としてはみなされてこなかったが、実は公共圏として機能を果たすことがある、という齋藤純一の議論が、この指摘の下敷きになっています（齋藤 二〇一八）。親密圏の定義や議論はややこしく、たとえば家族もその一つですが、家族だけに還元できないとも齋藤は述べています。家族以外の社会福祉サービスやセルフヘルプ・グループの中にも、他者の生・生命への配慮・関心に基づくケアのやりとりなどが行われていますし、家族それ自体が多様な形に変容し始めています。他方で、先にも述べたように、家族の中の暴力、家族へのケアの押しつけ、などは公共的対応を必要とする不正義であるという捉え返しがあり、セルフ・ヘルプ・グループ活動のような他者とのあり方を示す新たな文化コードを生み出すかもしれない可能性があるというわけです（同上）。児島は「①下から上への批判、監視、チェックという意味での『対抗』だけでなく、②システムに対するオルタナティブ形成という意味での『対抗』という側面」がある点へ注目します。ここでは①のような政治や行政への批判や対抗といったこれまでの社会運動等の考え方ではなく、いわゆる「新しい社会運動」とみなされてきた、女性運動、障害者運動、学生運動、エコロジー運動などのような流れの中で、親密圏に属する他者との関係を新たに書き換えようとするようなオルタナティブが形成されていると見たわけです。ここから児島は、福祉領域での市民や当事者の活動が上からの価値の押しつけを批判して、②のような「対抗」や「批判」を育んでいく可能性を見出し、「市民参加はいまや、マクロな政治の領域とミクロなそれとの双方に渡って展開されているのであり、そこでは市民が双方の領域において批判的な公共性を構築していくことが求められているということである」（児島 一九九八、五八頁）と結論づけています。

では、地域福祉への「参加」がそのような「対抗」的なオルタナティブに転化していくのか、単なる動員で終わってしまうのかの、現実的な岐路はどこにあるのでしょうか。あるいは、これまで述べてきたような修正テープ的で、モヤモヤしがちな社会福祉のあり方に、意味をもつ人びとの参加はどうやったら育まれていくでしょうか。この点にもっとラディカルな議論を提供しているのは、イギリスのピーター・ベレスフォードです。彼は、精神障害の当事者であり、そのサービスのユーザーであり、"Shaping Our Lives"という、疎外された人びとの声を社会に届ける非営利組織の代表であり、福祉国家と参加についての著書を複数もつ社会福祉研究者でもあります。彼の議論は、自治とか、公共性とか、抵抗の可能性というより、「疎外された人びと」と「サービス利用者」の「参加」に的を絞り、社会福祉の理念やイデオロギーの生産・運用自体に、彼らを巻き込むべきだとしています。そこで、彼の考えを紹介しつつ、地域福祉計画などが前提にしている、活動参加や意見表明などとは異なった次元での参加について考えてみたいと思います。

まず、日本の地域福祉計画において、参加する人びとは「住民等」と括られ、また住民は一般の住民であると同時に、問題を抱えた当事者も含むとされました。サービスの担い手と受け手が行ったり来たりする共助が念頭にあるので、サービス利用者や問題を抱えている人の位置が実はかなり曖昧です。しかしベレスフォードは参加すべき人びとを、「社会福祉サービスの利用者」またはそれらからも排除されているような「排除された人びと」を含むべきことを明確にしています（Beresford 2021, kindle 版: 2)。なぜなら、これらの人びとほど社会福祉のサービスと関わりがありながら、その参加から遠ざけられているからです。

次にベレスフォードは活動やその決定への参加の前に、①研究や知識生産における参加、②社会福祉の政治イデオロギー生産・運用への参加（参加型イデオロギー）、という二つの側面を強調しています（ibid: 55-58）。知識や研究、あるいはイデオロギーの生産・運用とはずいぶん大袈裟な、と思われるかもしれません。しかし、ベレスフォードによれば、イデオロギーとは、どのような社会にしていったらよいかの考え方であって、社会の支配的なイデオロギーや知識は、私たち自身も気がつかないうちに、私たちの人生のすべてを形作っており、人びとの生活に深く関わっているようなものなのです。ちなみに知識や理論とは「仮説」にすぎない、とも述べています。もちろん、支配的イデオロギーや知識が悪いとは限らないし、またこれに「抵抗する」イデオロギーや知識も存在しています。ところが、支配的なイデオロギーや知識生産においても、それへの「抵抗」のイデオロギーや知識生産においても、社会福祉のサービスを利用する人びとやそこからも排除されやすいような人びとの「声」や「経験」はほとんど反映されていないことが問題だというのです。なぜなら、社会福祉を支えてきた平等主義や民主主義のイデオロギーそれ自体が、平等で民主主義的方法で生産されていない、というパラドックスが存在しているからです（ibid: 212-33）。

たとえばベレスフォードは別の著作において、イギリス福祉国家の理念それ自体も、ビアトリス＆シドニーのウェッブ夫妻らのフェビアン協会を母体として設立されたロンドン・スクール・オブ・エコノミクス（ＬＳＥ）を中心に、ごく一部のエリートが作り上げてきたのであって、それを必要とする人びとと共に作り上げられてきたわけではない、と手厳しく批判し、自然科学に似せた社会科学の確立自体にも疑問を提示しています（Beresford 2016: 335–36）。

しかし、すでに述べたように、福祉国家のイデオロギーは、少数のエリートの空想だけで生まれたわけではなく、労働運動、民衆騒擾や社会主義運動の影響が強くあり、それらを緩和していく方向を取らざるをえなかったわけですから、そうした意味での市民の声の反映はあったともいえます。先にイギリスの労働時間規制に先立って行われた労働監督官による調査を紹介しましたが、そこでは労働者の意見の集約も試みられています。むろん、先に述べたようなブースやラウントリーの貧困調査は「外側」からその「事実」や「状態」に迫ったもので、貧困の経験など「内側」の声を取り入れてはいません。またエンゲルなどの統計学者の調査も、個人の私的家計簿をベースになされていますが、そこからエンゲルの法則など今日でも通用する「法則」の発見に向かったので、科学ばかりが強調されたように見えるかもしれません。また、ブースもラウントリーも資本家階級に属していましたし、ブースの調査が、ロンドン市民の二五％が貧困だと当時の社会主義団体が公表したことへの反発にあったことは有名です。

しかし、このためブースはロンドンの富と貧困の全体の分布を正確に描き出す調査をデザインし、結果として三〇・七％の貧困を見出しただけでなく、階層的・空間的なその分布をも明らかにしました。ブースやラウントリーの貧困調査の功績は、「誰が貧民か」ではなく、なぜ彼らが貧困なのか」を問う調査だった（Titmuss 1958: 298）と総括されたように、「貧民」ではなく「貧困問題」を発見し、社会政策介入の余地を開いたことだと評価されてきました。T. H. マーシャルも、ラウントリーの貧困線の定義が被救恤貧民《ポーパー》という一つの地位ではなく一つの状態としての貧困を定義し、その水準まで収入を挙げなければならないという「福祉の権利」の認識に道を開いた、と述べています（マーシャル　岡田訳　一九九〇、二七四頁）もっとも、二一世紀になっても社会扶助利用者やホームレスの人びとへの「貧民」のような扱いは残っているので、科学的調査が社会認識を払拭したとも言い切れませんが……。ともあれ、ベレスフォードの批判はもっともですが、だからといって調査の明らかにした多様な事実（調査者の葛藤を含めて）をすべて消し去る必要もないと思います。この点は、後で当事者研究との関わりで議論したいと思いますが、サービス利用者らの参加においても、問題の近くにいる「人」と問題をいったん切り離し、問題を当事者の「声」以上のものに掘り下げていかないと、問題自体が明らかにならないのですね。

さらに繰り返し指摘しているように、人権、平等、民主主義などの理念が登場したからといって、すべての人びとの人権や、平等、参加が保障されたわけではありません。むしろ、その「タテマエ」や形式性が、そこから外れた人びとの「要求」を生み出し、その実質化が促されていったといえます。ベレスフォードの参加型イデオロギーの主張も、そうした文脈の中にあるといってよいのではないでしょうか。特に、福祉国家が大きく変貌した今日の段階で、福祉国家の諸政策は、結局、福祉国家を生きている私たち一人ひとりの生活に即して、参加型で批判・吟味されるべきだと、ベレスフォードはいいたいわけです。

もちろん近年では、住民参加や利用者参加がさまざまな方法で試されており、参加の手法も、熟議型民主主義や討論型世論調査などが開発されつつあります。これまで述べてきたような「住民等」を主体とする地域福祉計画も、多様な参加が基盤にあると、強調してきたわけですね。しかしベレスフォードは、こうした参加の方法は「一般的なアジェンダによって形成され、非常に限られた参加者（一般的に、より有利で、自信に満ち、自己主張の強い人びと）が参加する傾向」（Bresford 2021: 56）があるので、「いつもの人びととの参加」に終始し、本来は最も参加すべき、排除された人びとを参加させるのは難しいと述べています。

では、なぜ「本来は最も参加すべき、排除された人びと」の参加は難しいのでしょうか。ベレスフォードは、先の本に先立って出版した小冊子*16で、知識生産について詳しく述べています（Beresford 2003）。まず知識の生産において、中立性、客観性、距離感＝「問題から距離を置いていること」が確保されることが科学的であり、全体像を把握できると考えられてきたので、「問題の近くにいる」人びとの経験やそれに基づく解釈は、信頼できないとされてきました。また社会福祉サービスの利用者の多くは、その知識が疑わしいとか、知的能力に欠けているとみなされがちなこともあります。どのような知識が真実かを定義するのは一般に権力者なので、経験的な知識は一段低く見られてきました。調査研究においても、経験や当事者による解釈は、無視されるか、あくまで調査対象として扱われてきました。調査対象として、人びとの経験や意見を聞くけれども、その解釈は研究者の側が行うのが普通です。この点はなかなか耳が痛いですね。私自身の調査も、貧困や排除の中にいる人びとの声や姿を明らかにするといいつつ、解釈はあくまで研究者の仕事としてきましたから。

政策立案において、たとえば国の基幹統計などの大きな統計以外はあまり信用されていない、ということもあります。私は、介護保険制度導入前に、介護が必要な人のいる世帯の家計調査をいくつか実施したことがあります。まだサービスがほとんどない頃なので、家計簿に記入される介護関連費目の金額は小さく、平均値で見てもかなり低い額でした。その調査原表を見たある厚生官僚が、こんなにスカスカの記載なのか、とびっくりしたことがありました。寝かせきりにしておけば、費用は出ないし、そもそも低所得家計の現実は、毎日多様な支出があるとは限らないのです。家計簿記載方式による家計調査の個票を見ると、そうした現実がよく反映されています。しかしおそらく家計簿をつけたこともないような男性の官僚が見れば、こんなの使えないとなるのかもしれません。

では、この状況はどのように打破しうるでしょうか。ベレスフォードは、参加といっても、その拠って立つイデオロギーは異なり、一方で新自由主義的イデオロギーを反映した消費者としての個人の選択とコントロールを強調し、これらをコンサルテーションやマーケットリサーチで政策にインプットしていく「スーパーマーケットモデル」があれば、対照的に、サービス利用者がその関与を通じて、政策やサービスに変化を起こしていけるような、「関与アプローチ」がありえると述べています（Beresford 2021: 41）。彼は後者に立ち、参加という理念が、平等や民主主義イデオロギーに基づいているなら、最も排除されている人びとが優先され、多様な人びとの平等な参加が必要だという決意から始まらなければならない、と頑固に主張します。

とはいえ、多様な人びとの平等な参加は、実は大変困難なことです。まして、知識やイデオロギーの生産に関与するということは容易ではありません。ベレスフォードもそれを認めつつ、しかし成功例としてイギリスの障害者運動を挙げています。障害者運動は、最も参加が難しく、また排除されやすい状況の障害者たちが、「障害の社会モデル」と「自立生活の哲学」を生み出していきますが、それは既存の社会福祉のイデオロギーを「ひっくり返す」ようなインパクトを与えました。その成功は次の四つの要素があったからだとしています（ibid: 55）。

① 障害者が直面している抑圧と周縁化が大きかったこと

② 抑圧と戦うために、集合化せざるをえなかったが、特別学校などがその集合化の機会を提供したこと。

③ その運動がフェミニズムなどとの交流を通して、他の経験から学ぶことができ、より広い政治、政策、技術、文化そして社会変革とつながっていった。

④ 障害者のニードは多様で障害によって異なるが、それぞれの領域での活動を統合的に発展させた。また彼らは彼ら自身による調査、知識、哲学、アイディアと理論を発展させる重要性を認識したこと。

障害者運動が、福祉国家の社会福祉サービスの理念、特に障害概念や自立概念に大きな影響を与えたことは、日本や他の国でも同様です。ベレスフォードが述べた四つの要素は、日本の障害者運動にもほぼ当てはまります。また各国の障害者運動が国際的に影響を与え合ったことも重要でしょう。なお、先に述べたような新しい社会運動は、エスニシティ、ジェンダーといった特定のアイデンティティの下に集結した個人がアイデンティティの社会的承認を求める（アイデンティティ・ポリティクス）とも呼ばれて、従来の階級などに基づく社会運動と区別されてきましたが、ベレスフォードはアイデンティティというより、共通の「経験」に基づく集合化とその協働が必要だと述べています。さらに、④のような自分自身の成長はエンパワーメントという概念で捉えています。ただし、ソーシャルワーカーがエンパワラーになるとか、ある団体が他の団体をエンパワーするという意味ではなく、あくまで個々人の内的な成長が軸となることも強調しています。

エンパワーメントにつながる重要なルートは、同じような経験をもつ人たちと出会い、自分の経験について話すことができる、一緒に何かをすることではないか、とベレスフォードは仮定しています（ibid: 71–73）。そのためには、話す、書くなど参加のスキルの開発が必要だし、そうした活動を行うための実際上のサポート（たとえば情報、子どものケア、ケアのサポート、交通のサポート、費用）や、機会均等のサポート（障害、言語）、人が集まってグループで作業するための支援（事務費、管理費、研修費など）も必要です。先に述べたベレスフォードの非営利組織はこうした活動のサポートも行っています。

また、専門的な教育や研修の開発・提供に、（サービス利用者など）直接的な経験をもつ人びとを参加させる、さらには「サービス利用者」をワーカーとして採用することを奨励する、さらには、知識生産のプロセスに影響を与えるために、（たとえばサービス利用者としての）直接的な経験をもつ人びとの研究組織や研究プロセスへの参加を支援するだけでなく（参加型調査）、研究トレーニングへのアクセスを増やすことなども提案されています（ibid: 49–50）。この研究トレーニングへのアクセスという点は、かなり重要なことだと思います。先に述べたように、ベレスフォードは福祉国家のイデオロギーやさまざまな理念の生産が、限られた一部のエリートによって実施されてきた点を批判していますが、これを批判しつつ、利用者が参加していくためには、それに対抗できるような研究方法の開発や研究力の蓄積が彼ら自身に必要になるからです。

3 「経験を語る」「参加型調査」「当事者活動」

もちろん、人びとが、その経験を言葉にして発信するということは、これまでもさまざまに行われてきました。本書でもいくつか引用した重度障害者たちの生活の記録は、日本の障害者運動やその政策理念の改善に大きな影響を与えてきました。ＳＮＳの発展した現代では、さまざまな「声」がネット空間に溢れています。特にがんや難病については種別の患者ネットが多数形成され、患者の「語り」への注目が大きくなっています。不登校やひきこもりの「当事者の語り」や「親の語り」、最近では家族の中での性的虐待の「経験」も表現されるようになりました。こうした「声」に比べると、貧困や不安定労働へ従事する人びとの「声」は日本ではあまり大きくありません。しかし一九五〇年代には「にこよん」と呼ばれた日雇労働者たちの生活記録も作成されるなど活発な活動がありました

（岩田 二〇一七）。障害者運動などに比べて、現代の不安定労働者の「声」が小さいのは、後で引用するセルジュ・ポーガムも指摘しているように、現代の貧困が、バラバラにされた不安定として表れており、組織化されにくいのですね。障害者運動が、特別学校や施設などの「特別枠」へ集合させられたことが予期せぬ効果を生んだこととは対象的です。その意味では、「声」や「経験」が集合化されやすい分野と、されにくい分野があるといえるかもしれません。

問題の近くにいる人びとがその「経験を語る」ことは、ベレスフォードのいうように、既存の科学からすると、「近すぎて」中立性に欠くとか、個別事例にすぎないと一蹴されてしまう可能性がありますが、「質的調査」と呼ばれるような手法の評価は高まっており、古くは都市社会学のエスノグラフィー研究、歴史研究におけるオーラルヒストリー法、ライフヒストリー調査、フォーカスグループディスカッション、参与観察、グラウンデッド・セオリーなど多様な手法が開発されてきています。また、ナラティブ・アプローチなどとも呼ばれる、対話を通して、自己の物語を再構成していく手法は、臨床の場でも研究の場でも、かなり参照されてきた経緯があります。問題の最も近くにいる人びとの「経験を語ること」は、こうした研究方法ともオーバーラップしながら、次第に重視されるものとなっていることは確かでしょう。

しかし「経験語り」の重視や、そのＳＮＳ上の氾濫状況が、そのままで社会福祉理念やイデオロギーに反映されるわけではありません。それらが、既存の政策やサービスの不十分さの根拠になりえるとか、別の選択肢として理解されるようなものにしていくには、それなりの社会的行動が伴う必要があります。この点で、参加型調査は、ベレスフォードのいう知識の生産や社会的行動（組織化や民衆教育を含む）をはじめから意識したものが少なくありません。参加型調査は、参加型アクションリサーチ（PAR）、あるいは地域基盤参加型リサーチ（CBPR）なども呼ばれて、近年では多くの試みがあります。

参加型調査のルーツは一つではありませんが、第三世界（今日でいうグローバル・サウス）の植民地解放運動と関わって試みられてきたものの影響が大きいといわれています。特に一九七〇年代に主流の経済開発プロジェクトが貧困と不平等の削減を果たせなかったことから、住民参加がクローズアップされ、保健衛生、識字、教育、環境問題、地域経済開発、暴力や犯罪などの「問題」が、住民の現実生活を基礎に、住民とともに、研究者と住民のパートナーシップで、多様な調査によって検討されてきました。ブラジルの『被抑圧者の教育学』を著したパウロ・フレイレの識字教育がよく例に挙げられるように、参加者が字だけでなく、世界を批判的に読む方法を身につける実践、つまり被抑圧者の解放が意識されている点が強調されることも特徴です。先のベレスフォードのエンパワーメントの基礎もここにあると思います。

国際開発領域では、参加という言葉はもはやインフレ状態だそうですが、他の分野でも盛んに参加型調査が強調されています。グローバル・ノースの社会科学分野でも参加型調査による研究論文が増加しているそうです（武田 二〇一五）。北の研究においては、先に述べた質的調査などとも関連しながら、調査手法としての参加が強調されることもありますが、CBPRをソーシャルワークとの関係で研究している武田丈は、ＣＢＰＲは、調査手法というより、すべてのプロセスで住民と研究者が対等な協働によって行われるという指向であって、したがって調査手法としては多様なやり方が開発されていると述べています（同上、一五頁）。参加メンバーの経験や考えを引き出すために、アンケートなどの文字媒体だけでなく、グループ討論、写真撮影、演劇、伝統的な物語などが用いられてきました。[*17]また、参加型は質的調査として理解されることが多いですが、たとえばスラムやホームレス人口の計測などで、量的調査に貢献することもあります。国勢調査のような基礎統計でも、定住人口が調査対象になるので、漏れは常にあります。

とはいえ、参加の解釈や程度はさまざまで、周縁化された人びとの経験やそれに基づく知識に基礎を置いた調査は容易くはありません。まず参加する人びとの間にある権力関係、研究者との間にある上下関係をどう乗り越えていくかということが大きな課題になります。これには時間がかかるし、多くの場合、研究デザインは研究者が主導しがちです。研究者は、研究史を学び、その中に調査を位置づけるよう訓練されていますが、それゆえ、研究においては常に上位に立ちがちです。これを、対等な関係で、人びとの知識や経験から学ぶという方向へどれだけ転換させられるかが課題となります。また、人びとの知識や経験といっても、人びとの考えは変化するものですし、表現されないものは常に存在するでしょうから、これも単純ではありません。さらに武田も指摘しているように、研究者は参加する人びとに単に「合わせる」わけではなく、研究としての作法は踏んでいなければなりません。そうでなければ研究になりえないし、研究費の調達もおぼつかないからです。

このように、参加型調査においても、ベレスフォードのいうような参加者集団における学習やトレーニング、研究者と参加者の息の長い関係づくりが不可欠だといえます。なお、ここまで読まれた読者は、地域福祉計画の前段で、このような参加型調査があればよいのではないかと思われたかもしれません。武田も、CBPRの枠組みとソーシャルワークの親和性に言及していますが、問題は、計画化のアジェンダの中では、「最も不利な人びと」を排除しがちであったり、地域内の権力関係の影響を排除できないという問題が常に浮上します。またグローバル・サウスにおける地域開発のように、人びとの集住があって、その生活経験の共有がある場合にはやりやすいですが、今日のように、困難を抱える人びとが孤立・分散していると、経験の共有自体が難しいかもしれません。なお、武田は、CBPRを地域ベースという意味ではなく、多様なコミュニティベースと断りを入れています（武田二〇一五、一五頁）。

以上のように考えると、ベレスフォードのいうイデオロギーの生産への関与のためには、困難な経験を共有している人びとの出会いや組織化が、まず先なのかもしれません。この点でも、障害者運動だけでなく、多様な「当事者」の活動、あるいはセルフヘルプ・グループといわれる活動が、すでに長いこと実施されてきました。この場合、当事者とは何か、セルフヘルプ活動とは何かの解釈は一様ではありませんが、何らかの問題を共有する、また経験を供給する人びとが自発的に集まり、活動していることを指すようです。

なかでも、アルコール依存症のセルフヘルプ活動（アルコホーリック・アノニマス、AA）は世界的に有名で、アルコール依存症の回復にとって有意義とみなされてきました。同様に薬物依存症、がんや難病などの患者グループもあり、医療従事者と患者という関係の外で、自発的に情報交換や交流の場を形成してきました。消費者被害者、性暴力被害者、犯罪被害者の会などもありますね。これらは、ベレスフォードのいう「経験」の共通性が軸となっており、専門援助関係への鋭い批判を含んでいます。また地域福祉が想定するような行政区域には限定されない広がりをもつ「当事者コミュニティ」を形成する点でも、地域福祉とは異なっています。

セルフヘルプ・グループは、特に保健医療分野に多く、患者の回復に有効性が認められてきたので、その効果に注目し、社会福祉の資源として評価される傾向にあります。また仲間（ピア）との交流の中で、自己を開放し、成長していくプロセスが、エンパワーメントの過程であるという解釈もあります。セルフヘルプ・グループの研究に長年たずさわってきた岡知史は、セルフヘルプ・グループを自発的に集まった「本人の会」と捉え、その機能を「わかちあい」（共通の問題のわかちあい）、「ひとりだち」（自分自身の生活管理や社会参加）、「ときはなち」（内面化された抑圧からの解放、社会への異議申し立て）という三つのステップで説明しています。岡によれば、セルフヘルプ・グループは、単に「素人」の経験知による活動ではなく、こうした三つの機能に昇華していくような経験知の蓄積が組織的に行われるものだということになります（岡　一九九九）。

4　当事者の参加による「回復」——当事者研究とオープンダイアローグ

さまざまな当事者活動が展開される中、当事者の積極的な参加に依拠した精神障害者への対処手法が、精神科の入院や薬物治療に対するオルタナティブとして注目が集まっています。特に近年話題になっている次の二つは、精神障害領域だけでなく、社会福祉全体へも大きな影響力をもってきたので、「現場」で編み出された参加のあり方として取り上げてみたいと思います。

一つは北海道浦河町の浦河赤十字病院精神科を退院した回復者クラブから発展した「浦河べてるの家」の実践の中で誕生した「当事者研究」です。もう一つはフィンランド・西ラップランドのケロプダス精神科病院を発祥とする「オープンダイアローグ」と呼ばれる手法です。前者は当事者の共同作業や共同居住を前提に、当事者が自分の専門家として、仲間とともに、自分の「問題や苦労」について研究を行い、自分なりの助け方を見出していく、と説明されているものです。援助者はほとんど退いた形の「非援助論」ともいわれています。後者は、医師、看護師などの専門職がセラピストとして平等にチームを形成し、患者とその社会的ネットワーク（家族、その他の関係者）との間で「開かれた対話」を深めていくというやり方です。ここでは、患者はその社会的ネットワーク全体として「当事者」として考えられており（当事者という言葉は使いませんが）、また「患者について、スタッフだけで話すのをやめる」ことを原則に、評価や方針決定も本人や家族のいる前で行うという特徴があります。

当事者の生活共同を前提にするかしないか、専門家の関わりの強弱にかなり違いがありますが、両者が入院や薬物による従来の精神科治療ではなく当事者参加に徹底して取り組んでいることが、結果としてよい成果を上げている点に注目が集まっているといえます。

「べてるの家」は一九八〇年代に、回復者の何人かとソーシャルワーカーの向谷地《むかいやち》生良《いくよし》が浦河教会の一部で始めた共同作業や共同居住を出発点としていますが、その後、九五年の精神保健福祉法、二〇〇五年の障害者自立支援法（二〇一二年障害者総合支援法と改題）など、病院中心から地域生活中心へと精神障害者保健福祉政策の改革ビジョンが打ち出される中で、「べてるの家」も社会福祉法人化を進め、現在では就労サポートセンター、生活サポートセンター（グループホーム、ケアホーム）、共同住居、訪問看護ステーション、生活介護サービスなど、複合的な事業が展開されており、「べてるの家」はその総称となっています。

「べてるの家」と当事者研究については多くの論文や著作がありますが、当事者研究を生み出すきっかけを作った向谷地は、「統合失調症や依存症などの精神障害を持ちながら暮らす中で見出した生きづらさや体験（いわゆる〝問題〟や苦労、成功体験）を持ち寄り、それを研究テーマとして再構成し、背景にある事がらや経験、意味等を見極め、自分らしいユニークな発想で、仲間や関係者と一緒になってその人に合った〝自分の助け方〟や理解を見出していこうとする研究活動」と説明しています（向谷地 二〇二〇）。その基盤には、まず「精神障害をかかえた人たちの困難とは、精神疾患による直接的な苦痛や辛さではなく、当事者自身と、当事者を取り巻く人間関係も含めた内的外的な環境によってもたらされる部分の方が大きい。その典型が、過剰な保護や管理、過剰な投薬であり、当事者自身のニーズよりも、周囲のリスクの軽減を重んじるかかわりが中心となり、結果として長期入院をもたらす要因となってきた」（向谷地 二〇一一、二八頁）との問題認識があります。また、向谷地らが一九七〇年代の障害者自立生活運動における「当事者主権」を精神保健福祉分野に根づかせる方法を模索していたこと、また、浦河町ですでに展開されていた断酒会や精神障害回復者クラブなど自助グループと保健福祉関係機関の緩いネットワークなどがその素地となったようです。

当事者研究と直接結びつくのは、「べてるの家」で行われていた多様なグループ・セラピーやディスカッション、なかでもソーシャルスキルを回復する手助けとしての認知行動療法のＳＳＴ（生活技能訓練）です。ＳＳＴの現実版として、最も重要な資源である「当事者の体験」に気づき、人びとの苦労を研究素材として取り上げたことが当事者研究に結びついたそうです。また「問題解決」の方法というより、「問題」と思われている出来事に向き合う「態度」「捉え方」「立ち位置」の変更や見極めを基本として、現実生活場面での振る舞いや、つながりを創造していく、としています。

当事者研究に決まりはありませんが、①人と問題を切り離して、その問題を研究素材とする、②自己病名をつける、③問題や苦労の起きるパターンや意味を考える、④新しい自分の助け方を考え、練習する、⑤日常生活で実験する、⑥研究成果を公開し、共有する、という要素が挙げられています。これらは、当初は自分の困りごとを素材に自分で行う「自己研究」といっていたそうですが、自己の中に完結するものではなく、自分自身で、そして仲間とともに、「現実の統治者＝当事者となる」という意味を込めて当事者研究としたと向谷地は説明しています（向谷地二〇一一、二七頁）。言い換えると、共同実証主義の立場だそうです。

この当事者研究という手法は、当事者の体験に基礎があること、類似の体験をしている仲間とのわかちあいがあること、「語ること」の重視、その中から専門家が見落としてきた価値観や知識、実践方法を発見する、という点で、ベレスフォードなどの参加論と共通するものがあります。他方で、先に窪田暁子の援助論を紹介しましたが、その「援助のはじまり」における「当面の困難」に命名すること、それによって「取り扱い可能な問題」認識に近づき、利用者はそれによって同じ問題をもつ他の人と共通の土俵（一般化）に上がることができる、というプロセスともよく似ていますね。ただし、向谷地は「一般化」には否定的で、その人その人の助け方があるといっています。また問題と人はいったん切り離しますが、専門家が「クライエントと距離を取る」という意味での「距離を取る」ことには反対しています。向谷地には専門家としては「無力」な自分自身もまた当事者と同じ地点でつながるという感覚があったのだと思います。

ベレスフォードも含めて、「問題の近くにいる人が問題を最もよく知っている」、という当事者研究や参加型調査の前提は、この「距離」を置くことで当事者自身が問題を考察するという過程を経なければ、存在しえないともいえます。熊谷晋一郎は、障害者自立生活運動の基礎であった当事者主権についての考え方も、自分の世界を自分自身も把握できないことがあったり、自分についての知が枯渇していたりすると、適切な決定ができないままに、自分の弱さのせいだとしてしまいがちだ、と指摘しています（國分・熊谷 二〇二〇、三四頁）。とりわけ、精神障害や発達障害など「見えにくい障害」では、本人も自分の問題を十分認識できないことがあるわけですね。当事者と困難の切り離しを私は「距離を取る」と表現しましたが、認知行動療法などのセラピーなどでは「外在化」と表現しているようです。「外在化」は困難を言葉にして自分の外へ出すという意味でもあり、自分の弱さのせいとして抱え込んでしまうのは内在化になります。この意味で、当事者研究は、問題に近い人自身もその問題を十分把握していないことがあることを前提に、実は当事者ほど問題と「距離」を取る必要、およびそれを言葉にして表し、それをもとに仲間とともに「研究」を行うことの必要を、明確にしたともいえます。

二〇〇一年にスタートした「当事者研究」は、二〇年を経た時点で、研究成果事例は六〇〇を超え、さらにその「実践知」と専門知を協働させていくような「統合失調症の治療ガイドライン」づくりも始められたと、向谷地は報告しています。また、別の取組みとして、東京大学先端科学技術センターに当事者研究の講座が立ち上がり、当事者研究が、一つの学問領域として扱われるようになったとも述べています。これは熊谷や綾屋紗月らの取組みを指しているわけですが、熊谷は脳性麻痺の当事者として、先にも引用した中動態の理論の國分功一郎との共同研究を通して、個人の意志の問題を考察し、また自閉症スペクトラム症の当事者である綾屋との共同研究によって、この障害の診断基準にコミュニケーション障害と記載するのはおかしいこと、むしろ「まとめ上げと絞り込みの困難」ではないかという仮説を提示しています（同上、五八－六一頁）。これらは、まさに当事者が研究者として自らの障害を研究するというスタイルになります。

「オープンダイアローグ」は、ケロプダス精神科病院における家族療法の実践を一つの基礎としていますが、治療計画を立てるスタッフ・ミーティングと、その後に続く家族療法のセッションを、同時に行うというアイディアから生まれたそうです。またノルウェーのトム・アンダーソンらのリフレクティング・プロセスにも大きな影響を受け、それを応用したといわれています。つまり、かなり実践的な試行錯誤の中から編み出されたものといえます。

その後、精神病院の地域移行に向けて、政府の調査が開始され、ケロプダス病院とユヴァスキュラ大学との共同で「オープンダイアローグ」アプローチによる効果をヤーコ・セイックラらのグループが追跡調査によって明らかにしました。セイックラはケロブタス病院で臨床心理士をした後、ユヴァスキュラ大学に移っていますが、「オープンダイアローグ」の創設者の一人です。西ラップランドにおける、はじめて精神病的な症状をきたしたケース七二の「オープンダイアローグ」アプローチの五年後の成果は、従来型治療のストックホルムのケースに比べると、入院期間は短く、服薬継続中の割合は低く、何よりも障害年金で暮らしている、病状がまだある人は一九％にすぎず、ストックホルムの六二％と比べて、学業や労働市場へ復帰した人の割合が高い、という結果になりました（セイックラ／アーンキル　高木・岡田訳　二〇一六、一七五頁）。患者の平均年齢は二〇代後半なので、労働市場への復帰が大きなメルクマールとなっているようです。

このように「オープンダイアローグ」は、いわゆるエビデンス・ベースの手法ではなく、失敗を含みつつ現場でプラグマティックに改良されていったものですが、その結果、七つの原則と呼ばれるものが確認されています。①依頼があったら即時対応する。二四時間以内に対応するそうです、②社会的ネットワークの視点から、患者と関係のある人を治療ミーティングに招く、③さまざまなニーズに対して柔軟性と機動性をもつ、④治療チームが責任をもつ、⑤心理的継続性を保証するために、できるだけ同じ人が関わる、⑥結論を焦らず、不確実性に耐える、⑦対話が目的であり、それを広げ、深める。

「べてるの家」の当事者研究と比べると、病院のスタッフが集団で、責任をもって行うという点、患者個人だけでなく、その社会的ネットワーク全体をミーティングに招き、ネットワーク自体の修復を最初から行おうとしている点、実践の文脈に基づいた記述的研究による追跡調査が付随している点も異なっています。社会的ネットワークへの注目は、先のセイックラらの著書の原題が「社会的ネットワークにおける対話型ミーティング」となっていることからわかるように、このアプローチの大きな特徴です。つまり患者個人は、その社会的ネットワークの中で生きているので、個人をそこから切り離すのではなく、その全体を対象にするという視点ですね。したがって先にも述べたように、当事者とは、患者本人だけでなく、家族、友人、職場の上司や職業相談員、ソーシャルワーカーなど多様な人びとが含まれることになります。なお、当事者研究では、当事者が実名で講演なども行っていますが、オープンダイアローグでは、守秘義務で個人は登場しません。あくまで支援スタッフの「やり方」に焦点が当てられます。

なお、追跡調査については、介入・治療の効果を確かめる実験的研究（無作為化比較試験など）を主とする保健医療分野の有効性評価の考え方への根本的な批判がある点が重要です。つまり、エビデンスに基づいた、という場合に使われる一般的な方法への批判です。他方で、聞きっぱなし、語りっぱなしではなく、必ず応答があり、言語化がある点が共通していますね。柔軟性も共通しています。両者とも、できるだけ薬や入院を避けますが、必要な場合には使うともいっています。

またオープンダイアローグでは、スタッフによる対話の振り返り（リフレクティング）を行い、評価や治療方針についての話し合いを行いますが、そのプロセスもオープンにして、当事者や関係者にも見てもらいます。これは、まず本人のことを本人のいないところで決めないということですが、地域福祉などで用いられている多機関によるケース会議などは、本人のいないところで専門家が協議していますが、こうしたやり方への批判です。同時に患者本人がリフレクティングに参加することによって、自分の問題について複数のスタッフが話し合っている場に接することができ、それによって自分の問題を「外在化」し、俯瞰できる効果があるそうです。また自分の内面との対話が生まれていくともいわれています。先に述べた当事者研究で「困りごと」を研究題材とすることによって問題と本人の「距離を取る」効果ですね。

この「オープンダイアローグ」については、地域移行や医療費コストの低減などの面からも世界中で注目されていますが、日本でも現地に見学や調査に赴いたり、また二〇一七年にはセイックラらが来日して、東大で講演会も開かれています。オープンダイアローグ・ネットワークジャパンという組織も形成され、たくさんの書籍や映像が公開されています。さらに、当事者研究でもそうですが、教育場面や職場などへの応用も急がれているようです。最近は哲学カフェなど「対話」が大流行りで、なんとなく流行の一つのように思われているフシもありますが、その実践は高度な訓練とスタッフの民主的な協働の確立に基づいているので、生半可な対話では失敗しそうな気もします。日本では医療機関でも福祉機関でも職種間のヒエラルキーが確立しており、特に医師の権力はゆるぎないものがありますから、まずはその民主化、協働が築かれねばならないでしょう。何よりも北欧福祉国家の一つとしてフィンランドの保健医療福祉分野は民営が少なく、地方自治体の公務員によって遂行されている点に注目が必要です。また、フィンランドの例では、患者の社会的ネットワークとは、家族や友人だけでなく、たとえば職場の同僚や上司、職業安定所の担当官なども含めて、ミーティングに参加することが促されるのですが（もちろん、患者か当該人のいずれかが嫌であれば出席しません）、こうしたことに納得がいくような文化の形成がないと、かえって本人へスティグマが貼られるだけになる可能性が大きいような気もします。

日本は精神疾患入院患者数の多い国で、なおかつその在院期間の長さが指摘されてきました。それは民間病院を中心とする精神病床数が多いからです。国は一九九五年以降、「入院医療中心から地域生活中心へ」という施策転換を掲げ、二〇〇四年に地域移行支援施策を展開しますが、必ずしもうまくいっているわけではありません。精神病院での身体拘束、隔離だけでなく、重篤な暴行事件や死亡事件も繰り返し発生しています。ここで取り上げた当事者研究やオープンダイアローグなどの試みが、日本の精神医療の有効なオルタナティブとなるかどうか興味深いところです。もちろんこの二つだけではなく、オルタナティブはすでにもっと多様に試行されているでしょう。しかしそれらの実践手法だけでなく、そのための条件整備として、何が必要かも議論されねばならないと思います。

5　参加する「社会」は変えなくてよいのか——当事者のパーソナル化と「伴走型支援」の陥穽

先の共生社会という近年の福祉イデオロギー生産に寄与したのは、北九州市でホームレス支援を行っていた奥田知志らの「伴走型支援」というアイディアでしょう。もちろんこの言葉は、日本では二〇一〇年の民主党政権の下で、内閣府に置かれた「パーソナル・サポート・サービス」検討委員会で使われています。この委員会では、パーソナル・サポートを次のように定義しました。①複雑に絡み合った生活困難者の抱える問題の全体を受け止める、②特定の制度の範囲のみの支援や他の機関に回付して終わる支援ではなく、あくまでも当事者が必要とする支援策を制度横断的にコーディネイトする、③当事者と伴走し、自立生活が軌道に乗るまで継続して支援する、④さまざまな領域の支援機関と目標や情報を共有し、効果を評価・確認しながら支援する。この中で③に当事者と伴走するパーソナル・サポーターを当てはめるような構図が描かれていました。

この場合の前提には、一九八〇年代から社会的排除としてヨーロッパなどで議論されてきた新たな社会問題への関心があります。社会的排除の一つの捉え方として、排除を個人の人生の軌跡に沿って

「個別的」に受け止めるという対処に注目が集まっていきました。ですから、パーソナル化とか社会的伴走は福祉国家の新たなトレンドだったわけです。たとえば、社会的排除論の「祖国」であるフランスでは特に若者を中心に広がる長期失業問題に対して、一九八八年に参入最低所得保障（ＲＭＩ）が導入されましたが、その手当の受給に際して、公共団体と利用者および利用者世帯の間に「参入契約」の締結を義務づけました。この「参入」は医療や住宅などの面での社会的参入と職業的参入の両方を含むもので、いずれも相談員が付き添う個別支援に特徴がありました（小澤 二〇〇九、七二頁）。また、フランスではＲＭＩに先立つ一九八一年に「若者の職業的・社会的参入」（シュワルツ報告）が出されたことをきっかけに、包括的な社会的伴走が「再出発プログラム」として導入されており（松原 二〇二三、一二三頁）、参入契約と社会的伴走は相補的に進んできたようです。

フランスの例では、所得保障や医療・住宅保障との連結があり、また日本のパーソナル・サポート事業の構想では、人から発想して、セーフティネットにつなぎ合わせるということがかなり明確でした。これに対して、地域共生社会の伴走型支援は、「課題解決型支援」と対比され、両者を支援の両輪としながらも、「人と人がつながり続ける」ことを目標とする「伴走型支援」に重点を置いたものに切り替わっています。だからこそ、地域共生社会というトレンドのアイコンになったともいえます。

奥田が原田正樹とともに編んだ『伴走型支援――新しい支援と社会のカタチ』（二〇二一年）という本によれば、「問題を抱えながらもどっこい生きている」ためには「つながる―ひとりにしない」ことが必要だと奥田は端的に述べています。つまり「問題」は解決していなくとも、「つながる」ことに価値があるという考えです。挿入されているイメージ図に従うと、本人と支援者がアウトリーチも含めて「つながる」段階があり、次に支援者が本人を資源や地域へ「つなげる」段階があります。本人も地域で役割をもつ、という叙述も見られます。危機は何回も訪れるかもしれないし、本人の意志でつながない場合もあるので、緩やかな見守りや地域との連携によって「戻し、つなぎ直す」段階も見据えます。なかなか巧みな表現だと思いますが、ここでは本人が孤立しないようにつなぐ主体はあくまでも支援員でありつつ、い、つ、の、ま、に、か本人も地域で役割を果たせるようになる（参加）、あるいは地域づくりがなされる、というような、要するに先に見た地域福祉や地域共生社会と同じ構図が描かれているといえます。

とはいえ、伴走型支援は、ソーシャルワークの考え方とそれほど違うものではありません。むしろソーシャルワークのほうが、相談の中で、本人自身の「問題解決力」が醸成されることに期待しており、伴走型支援は、「ひとりにしない」いつまでも見守るというニュアンスが強いかもしれません。それは奥田が「社会的孤立」の度合いがことさら強い人びとを相手にしてきたからでしょう。私もホームレス調査に携わってきましたので、そのことはよくわかります。また虐待の中で育ち、相談する人もないまま犯罪に走ったような事件に接すると、そういう支援が必要かもしれないと思います。生活保護利用で支援は終わりとはならないというのも、そのとおりでしょう。とはいえ、「つながること」を目的にした支援と、「課題解決型支援」を分けて、「支援の両輪」としながらも、前者によりウェイトをおいている点には根本的な疑問があります。もっとも、奥田自身は、伴走型支援だけでなく住宅保障を強調してもいるのですが。

繰り返して述べてきたように、社会福祉は一定の「社会問題」を前提として、その解決を社会に投げかけている問題を前提に（たとえそれがでっちあげだとしても）成立します。ですから、社会福祉は、本質的に、それを解決する方向に向かわざるをえないのです。支援を制度として考える場合は、「課題解決」が前提なのはいうまでもありません。第一、人びとは、何か困っているから、その何かがもやもやして明確ではない状態でも、どうにかしたいから支援に頼るわけです。もちろん、生活保護などの給付を利用するために、職探しや訓練を条件づけられることもあるとすれば、そこでもまた職を得る、技能をつけるというようなことが、自発的ではないにせよ「課題」にならざるをえません。支援は、それを円滑に行うために、個別化し、あるいは「伴走型支援」などで設計されていきますが、一応そのゴールは、「課題解決」、たとえば就職、住居の設定、病気の治療などによって社会関係の網の目の中に人びとを位置づけ直すということでしょう。「伴走型支援」では支援者との関係に光が当たりますが、社会的包摂とは、排除されてきた社会関係の回復であって、支援関係ではないはずです。だから「課題解決を急ぎすぎない」とか「個人によって時間がかかる」ということを含むことは大事ですが「つながり」だけに回収してしまうわけにはいかないはずです。この点で、オープンダイアローグは、患者の社会的ネットワーク全体をはじめから視野に入れているので、パーソナル化とは一線を画すかもしれません。

では、そのような社会関係の回復に「伴走型支援」は効果をもつでしょうか。この点については、フランスの社会学者セルジュ・ポーガムがフランスの社会的伴走について行った考察が興味深いので、紹介しておきたいと思います。ポーガムは、貧困を「貧困と指し示された人びとと、それ以外の人びととの相互依存関係の形式」に対応して、三つの基本類型、「統合された貧困」「マージナルな貧困」「降格する貧困」があると仮定しています。「統合された貧困」は経済的発展の低さに対応した一般的な貧困で、社会福祉による対応は低いが家族の強い紐帯がある、「マージナルな貧困」は、経済発展によって貧困は克服されたとみなされるが、周縁化された少数集団のスティグマ化されたそれとして存在する、「降格する貧困」は、労働市場での不安定さの一般的高まりと、家族紐帯の弱体化から、「社会的転落」という形での上位の層からの貧困層への参入が増加し、社会福祉への依存が高まり、それが「集合的不安を生み出す状況を意味する」と述べています（ポーガム　川野・中條訳 二〇一六、一九一–二三頁）。現代のフランスやいくつかの福祉国家の状況はこの「降格する貧困」にあたると考えられますが、ここでは「不安定の継続」に特徴があり、しかもそれは労働市場での困難や所得の低下だけでなく、賃貸住宅の入居や銀行との取引などにおいても信用が失墜した人びととして扱われ、家族や友人とのつながりも弱体化するし、社会活動への参加も減少していくなど、いくつものハンディキャップを蓄積するとも指摘しています（同上、二二三頁）。つまり経済的貧困と社会的孤立がそれぞれあるのではなく、両者が絡み合って現象すること、それらによって「集合的不安」が生み出されることが強調されています。ただ貧しいでもなく、ただひとりぼっち、とも違うのですね。

多様な支援策は「社会的伴走」も含めて、このような「降格」した人びとに手を差し伸べます。しかしこれらは部分的にうまくいったこともあるかもしれないが、全体にその効果は「不確かなまま」だとポーガムは指摘しています。「なぜならそれらは、雇用と社会‐空間的不平等が引き起こす重大な問題をそれ自体では解決できないからである」（同上、二六二頁、傍点は引用者）。つまり社会問題の根幹が置きざりにされたままの「社会的伴走」では、問題は解決しないのだから、効果は確かになりえないというわけです。

ポーガムは一九八〇年代の終りに、フランスの小都市でＲＭＩ利用者の縦断調査を実施しました。この調査結果から、ポーガムは社会福祉と「社会的降格」との関係を考察し、支援の過程が三つの局面を経ることを確認しています（同上、八二‐九〇頁）。①失業して、失業保険も終了し、ＲＭＩの受給も始まるかもしれないが、まだ職探しに希望をもって、はやくＲＭＩから抜け出したいと思っている局面（脆弱性）、②①がうまくいかないと、なかなか仕事が見つからないので、伴走してくれるソーシャルワーカーから求められる期待に答えようとし、ワーカーへの依存が大きくなる局面（依存）に移行することがある、③②の局面は、健康問題（アルコールやドラッグ）、住居の喪失、家族の喪失など社会的紐帯を断絶する局面に続くこともある（社会的紐帯の断絶段階）、というものです。つまり、「伴走型支援」の効果は、当たり前ですが、貧困や失業を生み出す社会構造の変化を伴わないと十分発揮できないし、変化のないままでの伴走は、むしろ①から②③のような局面の「社会的降格」を深めていく可能性さえあるという考察になります。

もちろん、これはフランスの例ですから日本にそのまま当てはめるわけには、いかないかもしれません。特に、バブル崩壊後に顕著となった路上生活者の先陣を切ったのはいわゆる寄せ場の日雇労働者たちで、すでに高齢期を迎えていましたから、彼らの貧困は「降格する貧困」というよりは豊かさの中に存続していた「マージナルな貧困」という表象で位置づけたほうがよいともいえます。したがって、労働市場への「日雇」としての復帰を諦めて、生活保護利用となっても、ポーガムが描いたような屈辱感は少ないかもしれません。もっとも私が二〇〇〇年前後の調査で出会った元日雇の人びとは、怪我や高齢で雇ってもらえなくとも毎朝現場へいって「顔つなぎ」をしているほど、仕事へのこだわりが強く、それは仕事だけで生きてきた矜持があったからでしょう。生活保護利用や施設へのスティグマは彼ら自身の中にも内面化されており、したがって福祉の世話になることや「伴走」は、彼らの残された生活の支えになる反面で、「社会的降格」を意味していたかもしれません。まして、就職氷河期に代表されるような若者の失業や不安定就労、母子世帯の脆弱な生活は、フランスに近いといえるのではないでしょうか。

第二に、社会福祉がパーソナル・サポートの方向を向くことで、問題の根幹をぼやかす恐れがあることにも留意が必要です。問題は当事者が経験しているので、それをよくよく明らかにすることが大事な反面で、同様の問題が社会構造的に出現している側面が見過ごされる可能性が否定できません。先に窪田のところで述べた「一般化」のプロセスですね。ところが伴走支援も当事者研究も、本人を起点とし、本人が「問題を抱えながらも、どっこい生きている」とか「人間らしく悩む」状態をよしとするので、一般化には否定的で、過去のあれこれを詮索していくようなことは避けるでしょう。また「当事者研究」では，「問題解決」の方法というより，「問題」と思われている出来事に向き合う「態度」「捉え方」「立ち位置」の変更や見極めを基本として，現実生活場面での振る舞いや，つながりを創造していく，とされているので，たとえば統合失調症などに結びついた原因をあげつらうようなことはしません。原因のわかっていない病気や障害，あるいは慢性化した疾病については，それと向き合う態度が大事になってくるからです。また助け方も人それぞれのやり方があることになります。しかし，少なくとも引き金となった出来事がはっきりしている場合があります。この引き金に，性犯罪や企業の不正，違法な労務管理など「社会的不正義」が存在している場合，つまり加害‐被害関係がそこにある場合，それらの社会的不正義への社会的対処はどうなるでしょうか。

二〇〇五年から七年にわたるフィールドワークをもとに描かれた，アメリカの文化人類学者中村かれんの『クレイジー・イン・ジャパン――べてるの家のエスノグラフィー』（二〇一四年）は，べてる関連本の中でも秀逸な一つですが，この中に「耕平の物語」が登場します。この物語では耕平のUFO幻想への「べてる」での対処が主題ですが，同時に耕平が大卒後に就職したM自動車での経験も語られています。M自動車は車両の不具合を認識していたにもかかわらず，リコールを実施せず，二〇〇二年に二件の死亡事故が発生するなど「リコール隠し」を繰り返していましたが，一六年には燃費データの不正を二五年間も続けてきたことが明らかになり，会社の存続すら危ぶまれる状況になりましたので，ご存じの方も多いと思います。耕平はこの会社で，よりによって欠陥情報の解析を担当していますが，その事故や欠陥情報は無視する・隠すようにいわれてしまいます。それでも安全な車のために彼は欠陥情報のネットワークを作ろうとしたため、上司や同僚から疎まれ、再教育を受けることになります。たとえば自分がいかに無価値であるかについて書かされた後、遺書を四通作らされたそうです。その後「会社のために役立つ」という基準で生き直すように誓約書を書かされたといいます。そうこうするうちに同僚が彼を非難する幻聴が聞こえるようになりました。

会社でのいじめや過労死事件などが発覚すると明るみに出る状況と共通していますね、残念ながら。会社は安全な商品を提供するという点で社会へ不正を働いただけでなく、労働者の人権無視の再教育を行い、病気や死に追い込んでいくわけです。耕平は回復過程にあっても、対向車を見て欠陥のことを思い出して具合が悪くなったり、M自動車のニュースを見ていると「猫の目になっている」と仲間に心配される状態を示していたそうです。こうした社会の不正義が放置されていると、たとえば耕平が回復して社会へ再参入する機会があっても、それを活かしきれないのではないかと危惧します。実際、耕平はのちに他の自動車メーカーに就職しますが、やがて浦河へ戻るという選択をしています。

家族や学校での暴力や性犯罪はさらに厄介です。すでに述べたように家族はいわば無法地帯ですし、学校は会社以上に保身に走るかもしれません。したがって、加害‐被害の状況自体が認定されにくいままで長時間経過することが少なくありません。被害者は、そのことでさらに傷つき、普通の人間としての生活を模索することすらできない状況に陥りがちです。こうしたことへもパーソナルなサポートが必要というだけでなく、むしろなぜそうなるのか、社会のどこがおかしいのかという視点が広がっていかないと、根本的な解決へはつながっていかないのではないでしょうか。なお、「オープンダイアローグ」では、関係者を招いてのミーティングでそうした暴力の状況が明らかになることがあります。先のセイックラらの本にはいくつかのケースが出ていますが、ダイアローグの中で被害／加害というような区分が明確に意識されているのかどうかはわかりません。離別した父親の暴力への参加家族からの非難の声に対して、母親がいいときもあったと語ったというエピソードがポリフォニー（異なった複数の声による進行）の「良い例」として出てきますが、その結果この家族にどういう変化が現れたかは書かれていないので、この暴力がどう「咀嚼」されてしまったのかは、わかりません。

DVや虐待が犯罪として把握されるようになると、それまで家族の私生活の中で生じたことが、正義の観点から断罪され、その被害者救済が社会に要請されていきます。家族の集団カウンセリングを行ってきた信田さよ子によれば、カウンセリングなど治療者・援助者においては、暴力の被害を病理化・心理学化して、従来の専門性の中に取り込んでいく方向と、暴力自体の犯罪性を告発しつつ、被害者支援と加害者プログラムに取り組む方向に分かれつつあるそうです（信田 二〇二一、一八八－一八九頁）。前者はトラウマや心的外傷後ストレス障害（PTSD）概念、あるいはこれらを乗り越えるレジリエンスなどの用語でよく知られるようになっています。学校で起きた「いじめ」事件などに際して、スクール・カウンセラーやソーシャルワーカーが配置されるのは、この路線でしょう。しかし信田は、後者の立場で犯罪性を告発すること（レジスタンス）を前提に、被害者救済に加えて加害者プログラムの重要性を指摘しています。なぜなら加害者の変容がなければ、被害は防げないし、被害者が加害者になる可能性も決して小さくないからです。なお、信田はDVを家父長的権力に根ざす暴力と捉え、国家による戦争が生み出した元兵士のトラウマも同じ構造の中にあるとしています。付け加えれば、学校や企業の組織原理も同様なのかもしれません。つまり、それは社会や政治の問題だという見立てです。

社会構造に切り込んでいくという意味では、元NHKのディレクターだった清水康之が二〇〇四年に設立したNPO法人・自殺対策支援センター・ライフリンクの活動が注目されます。自殺予防を掲げたキャンペーン団体として出発しますが、電話やSNSなどによる相談事業の傍ら、二〇〇八年から一三年の五年間をかけ、自殺者五二三人について、その遺族（もう一人の当事者）五二三人への聞き取り調査を含めた調査を実施しました。一般に自殺の原因については、警察庁の自殺者統計では、遺書等の自殺を裏づける資料により明らかに推定できる原因・動機を三つまで計上したうえで、「経済・生活問題」や「家庭問題」等が深刻化する中で、これらと連鎖して、うつ病等の「健康問題」が生ずる等、複合的な原因で起きている、とされてきました。しかし、この調査では複合的な要因を「自殺の危機経路」「自殺の危機要因」とその連鎖図として整理分析しようとしたことが画期的でした。また、職業等の属性によって、「自殺の危機経路」に、一定の規則性が見られたことや、最初の危機要因（出発要因）の発現から自殺で亡くなるまでの日数は、職業等の属性によって大きく異なり、「自ら起業した自営業者」が最も短いこと、うつ病は、自殺の一歩手前の要因であると同時に、他のさまざまな要因によって引き起こされた「結果」だったこと、また自殺した人の七〇％以上が専門機関に相談していた等の結果を、専門家の協力を得て公表しています。二〇一三年の最終報告書の扉には

「自殺は、人の命に関わる極めて『個人的な問題』である。しかし同時に、自殺は『社会的な問題』であり『社会構造的な問題』でもある」というメッセージが記されています。

この自殺予防キャンペーンより二五年以上も前から、労働者の過労死についての、医師、弁護士、そして遺族など、関係する「当事者」による運動が繰り広げられていました。[*18] 過労死という言葉は現在ではよく知られており、国際語にまでなっていますが、最初は過重な労働負担によって脳血管疾患等で死亡に至るような「急性死」による労災認定問題として取り上げられたそうです。これを過労死とネーミングしたのは、労働者の健康問題に関心を寄せていた医師たちでした。これに応えて、大阪の弁護士グループが一九八八年に過労死一一〇番を始め、翌年には名古屋で過労死を考える家族の会が発足し、以降過労死弁護団と家族の会は全国的な展開を見せていきます。ちょうどバブル経済たけなわの頃です。この問題の根幹には、労働基準法による法定労働時間規制（時間外就労の規制[*19]も含めて）がありながら、職場の中に隠蔽されてきた過重労働問題やハラスメントがあり、企業はもちろん、企業別労働組合もその解決を図ろうとしてこなかったことがあります。また労災認定も、労働災害などが中心で、「働き過ぎで死ぬわけはない」とか、個人の慢性疾患に基づく死にすぎない等と、個人が原因として考えられていたことがありました。先に述べた「べてるの家」の耕平の話に重なりますね。また、ガーランドに従えば、資本主義のど真ん中で起きている「暴走」ということになります。

過労死一一〇番は遺族の駆け込み寺となり、遺族が弁護団の支援を受けて、労災認定の申請↓労働局への不服申立て↓再審査請求という三段階の行政請求、それらから排除された後にも裁判を起こして、労災認定基準のあり方を問い、その補償を要求しました。さらに近年では過労による自殺や障害の労災認定へと対象を広げ、二〇一四年には過労死等防止対策推進法を実現させ、一九年より三六協定で定める時間外労働に罰則付き上限が設けられました。つまり過労死ラインです。訴訟を中心とする社会問題の提起は、公害問題、消費者問題や生活保護訴訟などにも見られ、一見古いタイプの社会運動のように見えますが、過労死という言葉の創造、個々の遺族による過労死に至る勤務表などの資料作りなどを証拠とした訴訟を繰り返すことによって労働時間と過労死・自殺・疾病の関連を明らかにしたこと、企業の「働かせ方」とそれを許してきた社会構造を明確にした点で、社会福祉のイデオロギー生産に貢献した好例ともいえるでしょう。

終　章

私たちの人生と社会福祉

1 「生きていく場所」のせめぎあいの中で

私がホームレス調査を行っていた頃、多摩川河川敷に住み着いている人びとの話を聞きに行ったことがあります。多摩川の東京寄りの河川敷は広く、緑豊かでしたが、川と土手で仕切られた一角は、社会の「周縁」部と呼ぶにふさわしいところでした。一九九七年の夏のことです。話を聞いた五〇代の二人の男性は、銅線拾いの仕事をしていて、河川敷の彼らが家と呼ぶ空間には、作業場や居間が区分けされ、猫二匹と犬一匹が同居していました。猫や犬はよく捨てられているそうです。土手の反対側に住む人びとが、犬猫の餌をもってきてくれることもあり、コンビニの店番がおばあさんのときは、弁当をくれることもあったそうです。河川敷には犬猫だけでなく、自殺志望者や事故などで動けなくなる人もいて、ホームレスの人びとや土手の反対側の店の人びとが協力して巡査に連絡したこともあったといいます。巡査は一日一回巡回していて（ちなみに福祉事務所の巡回は年一回といっていました）、巡査から面倒見てやってと頼まれた自殺志願者もいたと話していました（岩田 二〇〇〇、一二一−一四頁）。本当の話かどうかはさておき、ちょっと共生社会っぽくないですか。

河川敷では野菜を育てたり、いなごや魚を取ったり、いかにも牧歌的な生活ですが、もちろん公共の水道の水を無料で使っているわけですし、河川敷自体、彼らの「生きていく場所」としては認められないので、このささやかな「助け合い」も、河川敷の管理が厳しくなると、消滅せざるをえません。

実際、私が話を聞いた二人のいた六郷橋下付近は、橋梁の耐震補強工事によって「退去と自立」が進められ、「退去後はゲートボール広場など自治体の整備により、橋梁の下がきれいになりました」と二〇一〇年に報告されています（関東地方整備局）。もちろん二〇一九年のように大型台風がくれば、自然に「きれいになってしまう」ところでもあるのですが。

「べてるの家」は、「当事者研究」だけでなく、退院した元患者たちが地域で労働と生活の共同体を作ってきたところにも特徴があります。先の中村かれんは、「べてるの家」を「意図せざる目的型コミュニティ」と命名しています（中村　石原・河野監訳　二〇一四、二〇七頁）。目的型コミュニティ（intentional community）とは、共通の目的や関心に従って、共同の住居や施設で一緒に生活し働く人びとの集団を意味しますが、「べてるの家」は当初は単に退院した回復者たちが地域で暮らす場でしかなく、明確な目的や哲学は後から出来上がってきたようなものなので「意図せざる」なのですね。しかし、この「べてるの家」が次第にそのメンバーに「帰属場所」と「避難場所」を提供できるようになっていった、と中村は考察しています。

この場合、そのような「場所」になりえたのは、地域経済は停滞し、高齢化が進み、「浦河で栄えているのは葬儀屋とべてるの家だけといった感じ」（同上、二六頁）の地域だったからだと中村は考察します。言い換えると、ここもまた「周縁」的な場所で、そのような町内の空き家を利用してくれ、多数の見学者が訪れるという意味で「べてるの家」は地域に貢献しますが、半面で近隣からは「厄介ごと」が起きる場としても認識されていると中村は述べています。「べてるの家」が浦河町の主力産業であれば、行政もそれなりの認識を示しているかというと、それは難しいようです。浦河町の長期計画などでは、基幹産業はサラブレッドなど軽種馬産業やその関連の観光などと認識されており、近年はその産業で働くインド人の移住が急増し、にわかに共生事業などが言及されています。

中村の滞在より十年以上後の二〇一九年に、大江守之らは「べてるの家」のグループホーム居住者へのアンケート調査を行い、居住者のパーソナル・ネットワークの実態や意識から、「べてるの家」というコミュニティの意味を問おうとしました（大江ほか 二〇二〇）。この中で大江は、「外的包摂性」と「内的包摂性」という概念を使って、「べてるの家」の出発点には「当事者自らが苦労しながら地域に入っていくことで、排除されず、健常者も排除しなくてすむ地点に行くことができるという『包摂のビジョン』があったが、現実は地域の人々との軋轢もあり、それを受容し前を向くために共同住居をベースとする仲間たちでつくられる包摂性（中村のいう意図せざる目的型コミュニティ）を開拓していったという、『外的包摂性と内的包摂性の補完構造』があった」と考えられると述べています（同上、一一九頁）。

今述べた二つの事例は、人びとの生活と「生きていく場所」についていくつかの重要な点を示唆しています。私は本書で、社会福祉の多様な制度や手法の違いをトポス（場所）という言葉で説明してみました。トポスは、「何らかの意味を持った場所」のことであり、社会福祉は一様なものではなく、いくつかの異なったトポスの集合であると考えたわけです。人びとの生活もまた何らかの意味をもった「生きていく場所」を基点に営まれていきます。第6章で地域が家族・世帯単位に個人を認識していくことについて議論しました。家族ばかりでなく、子どもは学校の生徒として、大人は職場の従業員として、というように、個人は「場所」とともに意味づけられ、場所を通じて社会に包摂されているのが普通です。「問題」が起きれば、それもまた「場所」とともにクローズアップされます。フランスの移民三世問題とパリ郊外の公営住宅群とか、新宿歌舞伎町と青少年問題、というように。

もちろん、ある人にとっての、そのような「場所」は複数あり、また人生の中で変遷していきます。またそれらの「場所」が、当該個人にとって安全でなかったり、そこから排除されたり、逃げ出さざるをえないような場合、人びとは、それらとは別の「場所」をオルタナティブとして欲し、そのオルタナティブが社会に承認される程度に従って、人びとも社会に承認されていきます。たとえば、正規の学校制度に対する、フリースクールや夜間学校など……。

こうした「場所」の選択や変遷の記憶は、その人の「生きていく場所」の意味を構成していくことになります。同時に社会にとっても、個人だけでなくその「生きていく場所」をその意味ごと社会に包摂することが重要になってきます。社会福祉の「特別枠」と本書で述べた、社会福祉施設等の系譜も、それが自由権などの点で多くの問題を含んでいるにせよ、「避難場所」でしかないにせよ、「そのような場所」として制度化され、承認されてきたものといえます。もちろんこのような「場所」には序列があり、依然、持ち家などを基盤とする地域の普通の生活、学校制度などが上で、オルタナティブはそれより下に位置づけられているに違いありません。

しかし、今日の段階でいえば、一般的な「場所」では生きられない人びとや、「特別枠」から出て暮らしたい人びとなどによって、要求されてきた新たな「場所」の社会的承認は、ますます重要になっていると考えます。本書で繰り返し述べてきたように、福祉国家 ver.2,3 の特徴は、ver.1 が基礎としたような、家族、地域、職場のあり方が大幅に変化した時代の社会問題と対峙しているからにほかなりません。だから、地域福祉とか、共生社会というならば、そこに多様な意味をもつ、多様な「生きていく場所」を包摂していけるか、あるいはどう包摂していくかが、実は最も重要な論点にならなくてはならないはずです。

「べてるの家」は、浦河町という地域の特性もあって表立った反対はなく、共同生活の場を広げていきました。もっとも先の中村のエスノグラフィーや大江らの調査では、「べてる」の内的包摂性（彼らのコミュニティ）への高い評価に対して、近隣などとの交流を含む外的包摂については問題点として指摘されています。しかし私は、外的包摂性を、たとえば「べてるの家」が地域に完全に受け入れられている、という意味で捉える必要はないと思います。そもそも私たちの地域関係は、挨拶程度はするけれども、皆と等しく親しいわけではない、というようなものが普通なので、地域福祉が期待するような互助関係がどの程度広がるかは、あまり定かではないはずです。胡散臭く思う近隣の存在があったとしても、「べてる」は社会福祉法人となり、障害者福祉制度が展開される場となり、また「べてる」のメンバーの経済生活は、年金と就労収入のほか生活保護によって維持されていますから、その意味で人びとの社会権を主張できる場となっており、社会制度に包摂された「場所」なのです。

また大江がいうように、外的包摂性は就労継続支援事業などを通したものに限定されているとしても、労働力不足のこの地域では、今後頼りにされる存在にならないとは限りません。「べてるの家」とは異なって、地域から反対されて建設できないグループホームなども存在しています。これは当該地域社会がそうした人びとの「生きていく場所」を認めたくないという意志表示でしょう。建設反対ですから、空間的意味でも認めないわけです。それにもかかわらず、「当事者」や市民による別の「場所」づくりが広がっています。それらはしばしば「居場所」とか「サード・プレイス」などとも呼ばれているように、既存の「生きていく場所」に対するオルタナティブの提示といえます。とはいえ、先に述べたように、当事者活動は障害者や難病患者等で盛んな一方で、貧困や失業などの分野ではあまり活発ではありません。未組織な不安定労働者や、労働市場からも排除されて、犯罪ギリギリの場に身を置かざるをえない人びとの「生きていく場所」はどうしたら確保できるでしょうか。未婚の母を含むひとり親の「声」はどうやったら大きくなるでしょうか。妊娠しても受診すらできないでネットカフェなどを転々とする女性の「生きていく場所」をどうしたらよいのでしょうか。

こうした問題へは、専門職や市民を巻き込んだ「場所」づくりの試みがあります。それらの中には、多くの市民や企業の共感を呼び起こし、それゆえ「共生社会」に親和的だとみなされて、自治体によっては積極的に補助金を出すようなものがある一方で、伝統的な価値に対する「鋭い批判」を含んだオルタナティブもあります。前者の例はこども食堂でしょう。こども食堂は、二一世紀の福祉国家にさえ広く見出されるようになった食べ物も十分でない人びとの存在と、彼らへのフード・チャリテイ（食料の権利ではなく）の拡大の一環とも見えますが、日本では貧困はすぐ脱色され、「居場所」や「交流の場」機能が注目されました。それゆえ、政府や自治体に称賛され、企業の協力も増えています。もちろんそのことに違和感を覚える関係者もいるでしょうから、今後別の方向が模索されていくかもしれません。

後者の場合は、その「鋭い批判」ゆえに、その「場所」は簡単には広がりにくいのですが、それゆえ既存社会の矛盾を浮き彫りにする力は大変強いといえます。この例では、有名な熊本・慈恵病院による「こうのとりのゆりかご」や匿名出産の試みが挙げられるでしょう。この前提には「育てられない親」の出産が子どもの遺棄につながるという事実がありますが、このオルタナティブが家族制度を揺るがせる点で、また出自を知る権利などの点から、現在でも多くの反対や非難があり、全国に広がるという展開は困難な状況です。しかし、報道によれば、「ゆりかご」発足当時三歳でここに預けられた子どもの一人が大学生になって、「当事者」として「実名で自分のことを語る」活動を始め、さらに慈恵病院の元看護部長の後押しもあって「子ども大学くまもと」を地域で開始するようになったそうです[*20]。さらに十代の妊娠、受診しない妊婦、家がない妊婦なども、まずは道徳的非難が大きいことから、なかなか適切な制度による援助が難しい存在ですが、助産師などによる彼女たちのための「生きていく場所」を作る活動もあります。外国人の生存や医療への支援もまた、シティズンシップの定義をめぐる議論を避けて通れない点で、社会福祉のイデオロギー生産にとっての、鋭いオルタナティブを提示する可能性をもつでしょう。

また、大阪の西成地区にある大阪府立西成高校においては、総合学習の一環として「反貧困学習」が取り組まれています。これはかつて日雇労働者の最大の寄せ場であった地域の学校として、貧困の中にある高校生が取り組む一種の「当事者研究」のような効果をもったものといえ、生徒が自らの生活を「意識化する」ことを基礎に、貧困と差別の実態および社会保障や非正規労働者の権利について学ぶというものです（大阪府立西成高等学校編 二〇〇九）。私も貧困をテーマに長年研究してきた者ですが、貧困研究は、このような場でこそ行う必要があるのかもしれません。

当事者や支援者の活動は、ＮＰＯ法人制度の発足や、最近のクラウドファンディングなどの活用もあって、かつてよりやりやすくなったと思います。それゆえ、簡単に新しい公共などともてはやされる傾向もありますが、それらが社会福祉の理念や方法を鍛えていくような多様で豊かなオルタナティブになっていくには、既存の「場所」にこだわる力の強さへの「鋭い対抗」を含んでいなければならないし、その対抗のための知識とイデオロギー生産が不可欠なのではないかと考えます。

他方で、河川敷のホームレスの「生きていく場所」は、共生社会風コミュニティに見えたとしても、違法なものであり、危険性もあり、常に警戒され、排除される宿命にあります。ネットカフェなどを泊まり歩く人びとや、一時的な寮生活で派遣労働を続ける人びとも、確かな「場所」のない、排除された人びととといってよいでしょう。ポーガムのいう「降格する貧困」が増えていけば、「生きていく場所」が定かではない人びとや、その承認されない「避難所」が増大していく可能性があります。しかし河川敷やネットカフェなどを「生きていく場所」として承認を迫ることはできません。そもそも、公共用地としての公園、道路、河川敷、駅舎などは、公共のものであるために、個人の寝泊まりを認めないわけですし、ネットカフェやゲームセンターなども、生活の拠点ではない、ということになるからです。ちなみに、地域とは地域空間を基礎としますが、この地域空間を誰が、どのように使うかは、戦後の日本列島改造のプロセスを見てもわかるように、巨大資本と国家による開発のあり方に依拠してきました。問題含みの人びとより、大資本による観光開発や、ブランディングによる地方創生が、普通の地域住民にも好まれることはいうまでもありません。特に大都市部では、企業の名前のついた公園や、公園の森を壊してショッピングセンターなどにするプロジェクトがどんどん進んでいますから、地域空間も、実は地域住民のものではなく、巨大資本による侵入との戦いの場となっているといえるかもしれません。

だから、「生きていく場所」を失った人びとが地域空間に別のオルタナティブを求めること自体が困難です。ところが、よく考えれば、河川敷やネットカフェに束の間の「避難所」を求めた人びとも、多くの場合「国籍」をもっており、その意味で今「生きている場所」を通さなくても日本社会への帰属やその権利義務は明確なのです。もし福祉事務所が、「河川敷のホームレス」ではなく、名前をもった個人として向かい合い、本籍捜しの労を厭わなければ、多くの人びとは、さしあたり生活保護利用によって自分の「生きていく場所」を見つけ、社会への再参入を果たすことが可能かもしれません。場合によっては年金受給へ至ることもありえます。先に、憲法第一三条の個人の自由と幸福追求権を基礎に社会保障を再構築するという菊池の理論に触れましたが、そうだとすれば、まさにこのような状況でこそ、個人がそのまま受け入れられなければならなかったはずです。その社会的包摂の基礎は、当たり前ですが、まず、その個人の権利に基づく所得保障と住宅保障を拡大していくことにあります。それゆえ長年ホームレス支援をしてきた団体は、臨時的な宿泊支援や、彼らを社会保障へつなぐサポートをしてきたのです。

しかし不思議なことに、「公助」の代表であり、自治体にとっては法定受託事務である生活保護行政であっても、保護に際して、その「居所」がその行政区域内にあったかどうかがまず問題にされます。たとえば家を失った人が、ある市に生活保護を申請するには、まず当該市内の路上に、何日泊まったかが条件になることはよくあります。日本では社会保険も職域（職場）か地方自治体（地域）を介して、保険料の徴収も給付も行われてきました。特に強調したいのは、何か新しいサービスを始める場合、利用者個人へサービスへの支払いを可能にする費用保障をするのではなく、サービス供給体へ財源を振り向けるというやり方を日本は長くしてきました。つまり、問題を抱えている人への直接給付は避けられて、その人へ「場所」を提供する事業体へ給付するというやり方です。個人の自由と、その個人を基礎とした市民社会というモデル、あるいは先の幸福追求権などは、あくまで机上のものになってしまっているのです。このため、家を失った人びとの権利の行使はややこしくなり、居宅保護に先立って宿泊所などの利用が勧められることが「原則」となることがあります。なかには評判の良くないところも少なくないので、彼らは宿泊所を経由しての社会への再参入をためらう可能性が高くなります。彼らの人権に対応するのは、社会扶助一般ではなく、家を失った人びとへの蔑視を基礎とした社会福祉の「特別枠」なのです。しかし、素直に考えてみれば、必要なものは、住居と住民登録の復活であり、それを基盤とした社会保障給付や職業斡旋にすぎないのですが……。

だから社会的包摂とか共生社会は、結局のところ、人びとをその「生きていく場所」とともに承認していくか、あるいはそのような「場所」を取っ払って、個人の権利に根ざして承認していくことだと言い換えられるのではないでしょうか。さらに論争的にいえば、日本国籍外の個人の福祉の権利へまで手を伸ばすことができるでしょうか。当事者や支援者の活動は、「生きていく場所」を奪われた人びとへ、多様な場所の対抗的オルタナティブを示しつつ、奪い返すことであり、また個人の権利を明白にしていくことだといえるかもしれません。

2　見知らぬ他人とのつながりの拡大——当事者としての私たち

なお、これまで見てきたような昨今の「つながり」の強調についていえば、私たちは「つながろう」としなくとも、すでに無数の「見えないつながり」の中に存在している、その意味で社会的存在にほかならないことを再度確認しておきたいと思います。グローバルな市場によって、世界中の生産者と消費者がつながっており、福祉国家の仕掛けも「見知らぬ他人」をつなげることによって実現しています。いつまでも自助や自立が強調されますが、純粋な意味でのそれらは、自給自足生活でもしない限り、ありえないのです。つまり、社会の中で生きていくしかない人間は、最初から誰かとつながっていなければならず、誰かの世話になったり、誰かを世話したりしながら生きているのが普通なのです。しかもそのネットワークは「目に見えるつながり」より広く大きい規模で広がっています。

　福祉国家の多様な制度やサービスを支える財源は、税金、社会保険料、自己負担、そして寄付などですが、日本政府の解釈では、税で支払われる＝公助、社会保険＝共助、さらに地位での無償の助け合い＝互助などと解釈されてきました。しかも、公助は、生活保護のような依存を生むので、極力縮小し、共助、互助がよいと強調してきたのです。とはいえ、すでに詳しく見てきたように、福祉国家の財政的基礎は、税と社会保険料による「見知らぬ他人」との共助にあり、プールされた財源をどのように役立てるかについて、国民はすべて「当事者」の立場にあります。したがって、理論的にいえば人びとが「当事者」としての立場から、「私たち」の制度やサービスの「生産」にもっと積極的に関与していくことがありうるわけです。しかし、そのような「当事者」としての社会連帯が現実に形成され、福祉国家の新たな担い手になっているわけではありません。現実には、社会福祉の給付と負担をめぐる世代間の利害対立が煽られ、国民の中の格差が縮まらず、さらには「国民」解釈の厳格化＝外国人排除が強化される傾向が深まっています。「当事者」であるはずの多くの国民にとって、社会福祉はどこかよそ事のように遠くなっているのですね。

　だから、このような社会的亀裂にもかかわらず、人びとの生活が、リスクと再分配のための目に見えない広い「つながり」によってはじめて支えられていること自体の確認を、福祉国家の当事者たる市民が行い、さらには共同の財源とその収支の実態について「当事者研究」することが求められているのではないでしょうか。第7章で引用したベレスフォードは、その著作（Beresford 2016）の中で、「私は福祉国家の子どもだった。私の人生は福祉国家と平行して歩んできた」と書き出しています（ibid: 2-3）。イギリス福祉国家は一九四四年から四八年にかけて「誕生」しましたが、彼は四五年生まれなので、「これまで、良いことも悪いことも、日々の生活においても重大な局面のときも、福祉国家のさまざまな側面を直接体験してきた」ことになります。彼は、イギリス福祉国家の一般的検討ではなく、自分やその周囲の人びとの経験を織り混ぜて、このユニークな本を書いたのでした。私も日本の敗戦の少し後に生まれて、膨大な低所得層の存在や社会的緊張を「国民生活の前進に黒黒として立ちはだかっている鉄の壁」（一九五八年厚生白書）と認識し、これに対決すべく歩み始めた社会保障や社会福祉のいくつかの側面を体験してきました。保育所経験についてすでに触れましたが、親の介護に際しては、介護保険制度成立前後の高齢者医療福祉サービスや医療ソーシャルワーカーの援助を経験し、多くの「安心と失望」を味わいました。こうした「普通枠」の福祉サービスや、社会保険については、もちろん誰でも多くの「自分の経験」をもっていると思います。年金生活に入った現在は、年金受給額、医療保険や介護保険の負担などが大きな関心事となります。さらに私は定年直前に、中途失聴者になったので、中途失聴者のグループや先端技術の使い方を教示してくれた専門家に助けられるとともに、磁気ループの設置すらおぼつかない「特別枠」サービスの貧しさについて情けなく思いました。

ですから、ベレスフォードのいう「問題の近くにいる人」は、私たちの長い人生や友人知人の経験を考慮に入れれば、けっして一部の人たちに限定されないのです。地域福祉における「我が事・丸ごと」をすぐ了解するのは難しいですが、良いことも悪いこともある、人生という長い時間の中で考えてみると、社会福祉は、誰にとっても深い関わりがあり、その体験が社会福祉の「安心と失望」全体について考える契機になると思います。

さらに私たちは、体験だけでなく、社会福祉の財政問題の全体像について、もっとよく知る必要があるかもしれません。イギリスのコミュニティ・ケアの困難も、ティトマスが早くから指摘していたように、その財政の貧しさに一因がありました。いくらよいアイディアやサービスを用意しようとしても、それに見合う十分な財源がなければ実現は難しいのです。また、この財源との関係でいえば、多くの人は生活保護利用者を「税金で養っている」と理解すると思いますが（もちろんそれが税金の一つの役割です）、税金にも種類があって、生活保護の利用者であっても消費税を支払わなくてはなりません。多くの人が利用する社会保険にも税金が多量に投入されている実態もあります。地方個人税の均等割は一種のメンバーシップ税ですから、低所得層でも広く支払いを求められますし、その地方個人税における非課税世帯の定義、地方税制を転用した社会福祉サービスの費用負担階層、所得税を含めた税制上の基礎控除と生活扶助や基礎年金額、地域最低賃金額との比較など、矛盾に満ちた「負担と給付」の構図があります。これらが、「当事者」としての市民によって確認され、その対抗の理論が構築される必要があると考えます。

さらに、相談やサービス給付についていえば、その担い手の確保や労働条件について、私たちはもっと知る必要があるでしょう。本書でもこの点については少ししか触れられませんでしたが、ソーシャルワークやケアワークの必要性が強調される割に、その労働条件や労働組織の劣悪さは知られていませんし、これを改善する方向が明確ではありません。特に今日の社会福祉の現場は、非常勤だけでなく、多様な派遣労働者によって成り立っており、そのことにも利用者は関与すべきなのではないでしょうか。

社会福祉は多様な制度やサービスの集合体であり、資本主義の矛盾を根本的に解決するようなものではありません。単にニードを充足するための仕組みでもありません。普遍主義が正しくて、選別主義は悪だとか、施設は全廃してすべて地域移行させよう、というような簡単な解があるわけではありません。まして「共生」や「伴走支援」を唱えれば済むものでもないでしょう。しかしそれらは、その時々の社会問題の緩和・解決に動員されざるをえず、それが資本主義の暴走に歯止めをかけ、人びとの生活や労働の底支えとなっていくとすれば、社会福祉のイデオロギーや手法の生産に、また現実のその収支や労働場面に、多くの人びとが関心を寄せることは重要です。社会福祉の領域では、ともすれば政府が飾り立てられた言葉で「上意」を示すと、業界はもちろん、そこで働いている人びとも、研究者も、そしてマスメディアもそれになびきやすいところがあります。このような飾り立てた「スローガン福祉」からできるだけ離れること、問題の近くで、しかしその問題をできるだけ「外在化」しつつ、その解決策を当事者としての私たち自身がその生活に沿って現実的に考えていくことが、少しはマシな、私たちの社会福祉の未来を探り当てる道筋かもしれません。

あとがき

日本の戦後社会福祉について、生活保護を中心とした三法時代、六法時代、八法時代のように、そのカバーする範囲が、貧困から多様な社会問題へと広がっていくような「発展段階」による捉え方がよくなされてきました。さらにそれを変革したのが、介護保険や基礎構造改革であり、それらは少子高齢化などの人口構造や家族の変化による「必然」と解釈されることが少なくありません。社会福祉の実践者も研究者も、このメガ・トレンドを受け入れ、それに沿った解釈から逃れられないように見えることが少なくありません。しかしこうした通俗的な解釈は、前提としての社会問題やそれを生み出す構造、それへの社会の価値判断やこれをめぐる抗争への関心を弱め、時々の政策選択が、何を意図して実施されてきたかを覆い隠してしまう危険を孕んでいることはいうまでもありません。

トレンディなフレーズに問題を回収してしまうのは、政府に限りません。だいぶ前のことですが、ある民間団体の集会で、元ホームレスの男性が登壇したことがありました。その集会は「生きづらさを抱えて」をテーマに掲げていたのですが、男性はしばらく迷った後、自分は別に「生きづらさ」を抱えているわけではないと述べました。「生きづらさ」は貧困だけでなく、たとえば引きこもりなど、原因が必ずしもはっきりしない（かもしれない）問題を包み込む言葉として多用されていたので、主催者に悪気があったわけではないと思います。が、ホームレス問題の中心にあるのは、そのような漠然としたものではなく、失業や家の喪失であり、極貧状態ですから、件の男性がそういいたくなった気持ちはよくわかります。実際、私も新宿の路上で寝泊まりしている人びとに話を聞いて回った折、「何か欲しいものありますか」と聞いたら、「カネだよ、カネ」といわれたことがありました。「ごもっとも……」と思ったものです。

二〇一六年に有斐閣より出版した『社会福祉のトポス――社会福祉の新たな解釈を求めて』は、戦後日本の社会福祉を、メガ・トレンドではなく、社会福祉の事業集合の変遷とその社会におけるトポスを、細かく辿っていくことで、その意味を探ろうとしたもので、通俗的解釈への異議申し立てを試みたものでした。戦後から二〇一〇年までの厚生（厚生労働）白書、および関連白書という行政資料を扱いましたが、社会福祉の理念や原理は多様であり、またその事業集合を頻繁に組み替えつつ存続していること、社会に「溶け込む」ように位置づけられる場合と、「特別」の場所でだけ容認される社会福祉がある、などトレンドとは別にその多様さが確認されました。しかし、わかりやすい社会福祉解釈に成功したわけではなく、また、膨大な表を載せたので、決して読みやすいものではありませんでした。編集者の松井智恵子さんには、大変な苦労をおかけしてしまいました。それにもかかわらず（それゆえ？）、これをもっとわかりやすく一般向けで、と声をかけていただいたことから本書はスタートしました。

もちろん、「わかりやすく」は、なかなか難題でした。しかし、今回は二つの点に留意しようと思いました。一つは、方法論的なことです。『トポス』は定年退職という区切りで書いたので、意図的に研究手法へこだわってみました。もちろん、それは「客観的事実」に基礎を置くもので、その事実を行政資料という、きわめて表層的なものに求め、その表層から降りていきながら、社会における社会福祉の多様な位置を探り当てようとするものでした。しかし、今回はそうした研究的な方法にはこだわらず、やや評論的なものとしてまとめました。また客観的資料だけでなく、自分自身の経験も若干反映させてみました。本文でも引用したように、ベレスフォードは、ヒトラーが自殺した翌日、ヨーロッパでの第二次世界大戦が終結する一週間前の一九四五年五月生まれで、それゆえ「私は福祉国家の子どもでした」と表現しています。彼は、「客観的事実」だけに依拠した社会科学に批判的でしたから、自分や知人の体験を織り交ぜた福祉国家論に挑戦しました。これを読んだとき、一九四七年生まれの私も「福祉国家の子どもだった」し、多くの人にとって福祉国家の体験はその人生の中にあるという、当たり前のことに衝撃を受けました。私にとって、社会福祉は研究の「対象」だったのですが、実際は、すでに小学生の頃に、地元の小さな花街で「待合（貸席業）」を営んでいた同級生の親が売春防止法制定により廃業したことに驚いたり、国民健康保険制定によって、誰もが「医者にかかる」ようになった状況を目の当たりにしています。自分自身の子どもの保育、親の介護にまつわる個人的体験などは、今回本書に少し盛り込んでみました。私だけでなく、ほとんどの人はその人生の軌跡の中で、福祉国家の何らかの体験をもっているでしょう。しかし、私を含めて、社会福祉研究者は、そうした体験はさておいて、「客観的な事実」や「研究手法」を重視し、「学としての社会福祉」

風な作業を、できればトレンドに乗りつつ、続けてきたのではないでしょうか。しかし、研究者としての年月が長くなり、同時に自分や周囲の「体験」も深まっていくと、主に厚生労働省あたりから発せられる、時々の社会福祉のスローガンや流行りの概念、とりわけその前提の問題認識と自分たちの体験は、しばしば「ズレ」ていると感じることが少なくありませんでした。今回は、そのような「ズレ」の感覚に素直であろうと考えました。

もう一つは、二〇〇〇年以降の社会福祉のトレンドに一つの焦点を置いたことです。『トポス』では二〇一〇年までと区切りましたが、一〇年前後は、〇八年のリーマン・ショックによって露呈した労働や生活問題の根本にメスが入らないまま、〇九年の政権交代、一一年の東日本大震災と原発事故、一二年の第二次安倍内閣へと社会情勢は大きく動き、また集中豪雨など自然災害も多発しました。もちろん、世界的に排外主義が高まり、新たな戦争も起こり、福祉国家はどこの国でも批判され、編み直しを迫られました。しかし不思議なことですがヨーロッパでは、新型コロナ感染拡大のような非常事態の下で、福祉国家の医療保障が再確認され、またごく最近のフランスの選挙結果のように、予想されていた右翼政党の台頭が左翼連合によって食い止められるという事態も起きています。日本では、政治的閉塞状況を打開できないまま、自助の再確認が促されるだけでなく、二〇〇〇年の社会福祉法の「地域福祉」が地方創生の波に呑み込まれつつ、あっという間に共生社会の切り札として浮上しましたが、その行方は混沌としたままです。

私は二〇〇一年一月から厚生労働省の社会保障審議会委員を一一年一月まで務め、その後も生活保護基準部会の臨時委員として一七年まで関わりましたので、共生社会の掛け声とともに進んだ生活扶助の加算の廃止や引き下げ、また生活扶助基準本体や他の基準の引き下げに、加担した経験をもっています。省内に置かれた審議会の限界、審議会に先行した社会保障財政削減の圧力の大きさ、とりわけ、貧困や生活保護は、それ自体が「負」のイメージで括られることが増えていましたから、生活保護の引き下げなら、どこからも文句が出にくいという圧倒的な社会情勢の中で、反対の声をあげても、いつのまにかかき消されてしまいました。他方で、加算制度を含めて生活保護制度自体にも矛盾があり、また社会保険との関係においても問題含みでした。それについては別に議論しています（『生活保護解体論』二〇二一年）。しかし、ミニマムの引き下げと同時に進んだ地域福祉や共生社会とは何なのか、私は何に加担してしまったのか、という疑問はいつも頭の中にありました。もちろん、地域福祉の議論の前半にも私は参加しているので、本書のような批判をお前がしてよいのか、という声も頭の中に鳴り響いています。そのような葛藤の中で、あらためて社会福祉とは何か、どうあるべきかを今一度考えたいと思いました。

結果として、『トポス』以上に、社会福祉の多様さや矛盾を強調することになったかもしれません。特にニードについては、決して自明のものではないことを、これまでよりももっとはっきり述べました。また、社会福祉という国家の戦略の意味を問いつつ、それを「私たちの社会福祉」へ転換できるか、ということを、これまで以上に強調してみました。とはいえ、それを観念的な公共論に回収するような議論は避けたので、その面でもわかりにくくなったかもしれません。

これまで公刊してきた単行本は、いずれも書きおろしで、そのために多くの文献や調査を確認しつつ「学び・考える」過程が必要でしたが、本書も結果的に同じ道を進みました。書きおろし、ということは体系化ができていないともいえ、次第に、社会福祉学として追求する必要はあるのか、という考えにも近くなっています。ともあれ、それゆえずいぶん時間がかかってしまいました。特に近年の政策展開は早く、それを咀嚼するのには手間がかかりました。他方で、多くの優れた研究書や実践記録も存在し、それらが、すでに調査者としてフィールドを駆けめぐることはできなくなった私の大きな支えとなりました。必ずしも私の専門ではない、援助のあり方にまで言及したのは、援助ではなく、参加ということを強調したかったからです。もちろん、私の思い違いや、必ずしも適切でない引用などがあれば、ご指摘ご批判いただきたいと思います。

最後に、編集者の松井智恵子さんには、『トポス』にも懲りず、新たな執筆の機会を与えていただき、本当にありがとうございました。思えば、『現代生活論』以来、何人もの有斐閣の優秀な編集者の方々と出会うことができ、そのご助力で、いくつもの新しいことへの挑戦がかないました。感謝に堪えません。

二〇二四年八月　炎暑の中で

岩田 正美

◆注

＊1　佐藤・金子らは、移民とは明言していないが、グローバリゼーションの中での解決を示唆している。

＊2　この地図は、現在でもＬＳＥ（ロンドン・スクール・オブ・エコノミクス）の Library にアクセスすると、Charles Booth Maps というアーカイヴに現在の姿との比較で保存されており、日本から見ることもできる。またブースの調査についてはワイズ（栗原訳 二〇一八）に詳しい。

＊3　イギリスのＬＳＥ（ロンドン・スクール・オブ・エコノミクス）に社会政策とソーシャルワーカー養成を兼ねた学部が一九一九年に導入され、それ以降、この学部名が普及したようである。ただし、ソーシャルワークとソーシャルポリシーをつなぐような曖昧な位置にあったことで、後年、学部名も学会名もソーシャルポリシーに変更されていく。詳しくは、星野（二〇〇〇、第一章）参照。

＊4　嶋田佳広はドイツの住宅扶助を論ずるうえで、ロートケーゲルの需要充足原理について言及している（嶋田 二〇一八、二七二–七九頁）。

＊5　マーガレット・ハンプシャーは Child Migrants Trust を立ち上げ、孤児たちのアイデンティティの立証に力を尽くし、オーストラリア、イギリス両政府からの公式の謝罪を引き出している。ここでの記述は、Child Migrants Trust のホームページによっている。childmigrantstrust.com

＊6　律令における「戸令《こりょう》」の中の「鰥寡条《かんかじょう》」に記されている。ここでは要援護対象者を鰥寡《かんか》、孤独《こどく》、貧窮《ひんぐ》、老疾《ろうしち》の範囲に属する者で、かつ自分では暮らせない人を対象とした。

＊7　たとえば、障害者ドットコム（https://shohgaisha.com）成人者向コラム「包摂と侵略を履き違えたインクルーシブ／インクルージョン」二〇二三年十一月一六日。https://shohgaisha.com/column/grown_up_detail?id=2913

＊8　三浦文夫（一九八五）、高澤武司（二〇〇〇）など参照。

＊9　日本年金機構は、厚生労働省の外局として年金制度の実施を担ってきた社会保険庁を廃止し、公的年金の運営に関する業務（年金の適用、保険料の徴収、記録管理、相談、年金の裁定・給付等）を担うものとして、二〇一〇年一月に設立された特殊法人である。

＊10　島田・米田（二〇一七）、中澤（二〇一六）など参照。

＊11　「産官学」は産業界、官公庁、大学の三者を指す。「金労言士」は金融機関、労働団体、言論界、弁護士などの士業を表している。

＊12　例外の一つは、秋田県を例に、ライフステージにおける長期的人口移動を分析した阿部勘（二〇二〇）である。

＊13　この部会は私も委員メンバーであったが、三回目から在外研修で欠席となったため、なぜこのような手法になったのかは議事録でしかわからないが、積極的な住民参加なくして地域福祉はないということが意識されていたのであろう。

＊14　のちに第三代生活困窮者自立支援室長になる野崎伸一が、社会保障担当参事官室でこの作業を行ったことを詳しく述べている。

＊15　一九六一年の the National Association for Mental Health での講義。ここでの引用は、*Commitment to Welfare* (Titmuss 1968, 1979)。

＊16　この小冊子（Beresford 2003）は、Shaving Our Lives という団体が出したもので、主に当事者の知識生産について書かれ、'Participatory Ideology'（2013）はその姉妹編として書かれたと Beresford は述べている。

＊17　具体的手法のうち、写真と声の活用というのは、フォトボイスという手法として知られており、社会的に弱い立場にある人びとが、自分で撮った写真（フォト）を持ち寄ってメンバーと話し合う中で、課題を明らかにして、社会への声（ボイス）にしていくというものである。日本では東日本大震災で被災した女性たちの写真と声による参加を基盤とした復興支援ＮＰＯとして、フォトボイスプロジェクトというものがあり、ホームページで、この手法について詳しく紹介している（フォトボイス・プロジェクトＨＰ）。

＊18　詳しくは、森岡・大阪過労死問題連絡会編（二〇一九）等参照。

＊19　労働基準法第三六条は、時間外労働について労働組合と協定を結び、それを基準監督署へ届ける必要があることを定めている。従来は、三六協定届の余白に理由と延長時間を明記すれば明記された範囲内で三六協定届に記載された限度時間を超えることが可能であったが、二〇一九年の法改正で「時間外労働の上限規制」が罰則付きで定められ、青天井に設定できた残業時間が法律で制限されることとなった。

＊20　たとえば読売新聞オンライン二〇二二年三月二七日。

◆参考文献

阿部勘一（二〇二〇）「地方における人口移動と地方創生に関する考察——秋田県における事例を中心に」『成城・経済研究』第二二八号

秋元美世（二〇〇八）「人間としての基本的ニーズと最低限保障——セーフティネットと人権論」『週刊社会保障』第六二巻第二四九七号、法研

Arnstein, S. R.（1969）A Ladder of Citizen Participation. 次の website から “The City Reader”（second edition）edited by Richard T. Gates and Frederic Stout, 1996, Routledge Press. に収録された reprint 版が参照できる。https://lithgow-schmidt.dk/sherry-arnstein/ladder-of-citizen-participation_en.pdf

安積純子・岡原正幸・尾中文哉・立岩真也（一九九五）『生の技法——家と施設を出て暮らす障害者の社会学（増補改訂版）』藤原書店

Baldock, J.（1998）The Personal Social Services and Community Care. In: P. Alcock, E. Angus, and M. Margaret eds., *The Student Companion to Social Policy*, Blackwell.

Beresford, P.（2003）*It's Our Lives: A Short Theory of Knowledge, Distance and Experience*, Citizen Press.

Beresford, P.（2016）*All Our Welfare : Towards Participatory Social Policy*, Policy Press.

Beresford, P.（2021）*Participatory Ideology: From Exclusion to Involvement*, Policy Press.

ベスト、ジョエル（＝赤川学訳　二〇二〇）『社会問題とはなにか——なぜ、どのように生じ、なくなるのか』筑摩書房

Bradshaw, J.（1972）Taxonomy of Social Need. In: G. McLachlan ed., *Problems and Progress in Medical Care : Essays on Current Research*, 7th series, Oxford University Press.

地方自治研究機構（二〇一三）「市町村における住民参加方策に関する調査研究」

Deacon, B. (2007) *Global Social Policy and Governance*, Sage Publishing.
ディーン、ハートレー（＝福士正博訳　二〇一二）『ニーズとはなにか』日本経済評論社
Doyal, L. and I. Gough (1984) *A Theory of Human Need*, Palgrave Macmillan.（一部邦訳あり　馬嶋裕・山森亮監訳〔二〇一四〕『必要の理論』勁草書房）
江口隆裕（二〇〇九）「フランス少子化対策の系譜——出産奨励策から一般施策へ（1）」『筑波ロー・ジャーナル』第六号
遠藤乾（二〇一三）『統合の終焉——EUの実像と論理』岩波書店
エスピン＝アンデルセン、G（＝岡沢憲芙・宮本太郎監訳　二〇〇一）『福祉資本主義の三つの世界——比較福祉国家の理論と動態』ミネルヴァ書房
Forder, A. (1974) *Concepts in Social Administration: A Framework for Analysis*, Routledge & Kegan Paul.
フレイザー、ナンシー（＝竹田杏子訳　二〇一五）「マルクスの隠れ家の背後へ——資本主義の概念の拡張のために」『大原社会問題研究所雑誌』第六八三・六八四号
ガーランド、デイヴィッド（＝小田透訳　二〇二一）『福祉国家——救貧法の時代からポスト工業社会へ』白水社
ゲレメク、ブロニスワフ（＝早坂真理訳　一九九三）『憐れみと縛り首——ヨーロッパ史のなかの貧民』平凡社
ハーバーマス、ユルゲン（＝細谷貞雄・山田正行訳　一九七三）『公共性の構造転換』未来社
樋口陽一（一九九六）『人権』三省堂
日野原由未（二〇一九）『帝国の遺産としてのイギリス福祉国家と移民——脱国民国家化と新しい紐帯』ミネルヴァ書房
平野方紹（二〇二一）「社会福祉行政研究私論——福祉改革の当事者的検討」『コミュニティ福祉学部紀要』第二三号、立教大学
平野隆之（二〇二〇）『地域福祉マネジメント——地域福祉と包括的支援体制』有斐閣
平岡公一（二〇〇三）『イギリスの社会福祉と政策研究——イギリスモデルの持続と変化』ミネルヴァ書房

星野信也（一九八五）「児童手当および児童扶養手当のあり方をめぐって――イギリスとの比較」『季刊社会保障研究』第二一巻第三号、国立社会保障・人口問題研究所
星野信也（二〇〇〇）『「選別的普遍主義」の可能性』海声社
ハンフリーズ、マーガレット（＝都留信夫・都留敬子訳　一九九七）『からのゆりかご――大英帝国の迷い子たち』日本図書刊行会
一番ケ瀬康子（一九六四）『社会福祉事業概論』誠信書房
市川嘉崇（二〇〇八）「分権改革はなぜ実現したか」『年報政治学』第五九巻第二号、日本政治学会
イグナティエフ、マイケル（＝添谷育志・金田耕一訳　一九九九）『ニーズ・オブ・ストレンジャーズ』風行社
池本美和子（一九九六）「防貧と地方改良――日本における社会事業形成の基点」『社会福祉学』第三七巻第二号、日本社会福祉学会
稲葉剛・小林美穂子・和田靜香編（二〇二〇）『コロナ禍の東京を駆ける――緊急宣言下の困窮者支援日記』岩波書店
医療科学研究所（二〇二一）「医療保険制度の一部負担の歴史に関する座談会録」『医療と社会』第三一巻第一号
岩田正美（二〇〇〇）『ホームレス／現代社会／福祉国家――「生きていく場所」をめぐって』明石書店
岩田正美（二〇一六）『社会福祉のトポス――社会福祉の新たな解釈を求めて』有斐閣
岩田正美（二〇一七）『貧困の戦後史――貧困の「かたち」はどう変わったのか』筑摩書房
岩田正美（二〇二一）『生活保護解体論――セーフティネットを編みなおす』岩波書店
Jones, R. (2020) *A History of the Personal Social Services in England: Feast, Famine and the Future*, Palgrave Macmillan.
Katz, M. B. (2008) *The Price of Citizenship: Redifining the American Welfare State*, University of Pennsylvania Press.
キングダン、ジョン（＝笠京子訳　二〇一七）『アジェンダ・選択肢・公共政策――政策はどのように決まるのか』勁草書房
キツセ、J・I／スペクター、M・B（＝村上直之・中河伸俊・鮎川潤・森俊太訳　一九九〇）『社会問題の構

築――ラベリング理論をこえて』マルジュ社
小林良二（一九七八）「シーボーム改革と組織問題に関する若干の論点」『季刊社会保障研究』第一四巻第一号、国立社会保障・人口問題研究所
孝橋正一（一九六二）『社会事業の基本問題』ミネルヴァ書房
児島亜紀子（一九九八）「社会福祉学における参加論の系譜と利用者参加概念の発展（Ⅱ）」『長野大学紀要』第二〇巻第三号
國分功一郎・熊谷晋一郎（二〇二〇）『〈責任の生成〉――中動態と当事者研究』新曜社
厚生労働省（二〇〇八）「地域における『新たな支え合い』を求めて――住民と行政の協働による新しい福祉」
厚生省『厚生白書』一九五八年版、一九六五年版
小山進次郎（一九五一、復刻版一九七五）『生活保護法の解釈と運用（改訂増補）』（復刻版）全国社会福祉協議会
窪田暁子（二〇一三）『福祉援助の臨床――共感する他者として』誠信書房
牧園清子（二〇〇九）「福祉政策における『自立』概念の研究」松山大学論集第二一巻第一号
マーシャル、T・H（＝岡田藤太郎訳　一九九〇）『社会（福祉）政策――二十世紀における』相川書房
マーシャル、T・H（＝岡田藤太郎・森定玲子共訳　一九九八）『社会学・社会福祉学論集――「市民資格と社会的階級」他』相川書房（原著一九六三）
マーシャル、T・H／ボットモア、トム（＝岩崎信彦・中村健吾訳　一九九三）『シティズンシップと社会的階級――近現代を総括するマニフェスト』法律文化社
松原仁美（二〇二三）「フランス型伴走支援と包摂的領域の展開」『連合総研レポートＤＩＯ』第三六巻第五号、連合総合生活開発研究所
松沢裕作（二〇一八）『生きづらい明治社会――不安と競争の時代』岩波書店
三井康壽（二〇一一）「自助・共助・公助論」『都市住宅学』七二号
三浦文夫（一九八五）『社会福祉政策研究――社会福祉経営論ノート』全国社会福祉協議会

宮本太郎・菊池馨実・田中聡一郎編（二〇二三）『生活困窮者自立支援から地域共生社会へ』全国社会福祉協議会
森岡孝二・大阪過労死問題連絡会編（二〇一九）『過労死一一〇番——働かせ方を問い続けて三〇年』岩波書店
向谷地生良（二〇一一）「『当事者研究』の到達点とこれからの展開」『精神保健研究』第五七巻第二四号、国立精神・神経医療研究センター精神保健研究所
向谷地生良（二〇二〇）「当事者研究とは——当事者研究の理念と構成」当事者研究ネットワークＨＰ
中川清（二〇〇〇）『日本都市の生活変動』勁草書房
中村かれん（＝石原孝二・河野哲也監訳　二〇一四）『クレイジー・イン・ジャパン——べてるの家のエスノグラフィー』医学書院
中澤高志（二〇一六）「『地方創生』の目的論」『経済地理学年報』第六二巻第四号
日本政治学会編（二〇〇八）『政府間ガバナンスの変容』木鐸社
信田さよ子（二〇二一）『家族と国家は共謀する——サバイバルからレジスタンスへ』KADOKAWA
ヌスバウム、Ｍ・Ｃ（＝池本幸生・田口さつき・坪井ひろみ訳　二〇〇五）『女性と人間開発——潜在能力アプローチ』岩波書店
大江守之・向谷地生良・金井いづみ（二〇二〇）「障害をもつ人の地域移行と包摂的コミュニティ形成——浦河べてるの家の共同居住の過去・現在・未来」『住総研研究論文集・実践研究報告集』第四七巻
小川玲子（二〇一九）「東アジアにおけるケア労働者の構築」『社会学評論』第七〇巻第三号
岡知史（一九九九）『セルフヘルプグループ——わかちあい・ひとりだち・ときはなち』星和書店
岡村重夫（一九九七）『社会福祉原論』全国社会福祉協議会
奥田知志・原田正樹編（二〇二一）『伴走型支援——新しい支援と社会のカタチ』有斐閣
大阪府立西成高等学校編（二〇〇九）『反貧困学習——格差の連鎖を断つために』解放出版社
小澤裕香（二〇〇九）「フランスにおけるワークフェア——一九九〇年代末以降のＲＭＩ制度改革」『季刊経済理論』第四六巻第二号、経営理論学会

ポーガム、セルジュ（＝川野英二・中條健志訳　二〇一六）『貧困の基本形態――社会的紐帯の社会学』新泉社
齋藤純一（二〇一八）『公共性』岩波書店
斉藤利彦（一九八二）「地方改良運動と公民教育の成立」『東京大学教育学部紀要』第二二巻
坂井晃介（二〇二一）『福祉国家の歴史社会学――一九世紀ドイツにおける社会・連帯・補完性』勁草書房
眞城知己（二〇一〇）「一九世紀イギリスにおけるラグド・スクールと肢体不自由児教育」（資料）『SNEジャーナル』第一六巻第一号
佐藤龍三郎・金子隆一（二〇一五）「ポスト人口転換期の日本――その概念と指標」『人口問題研究』第七一巻第二号、国立社会保障・人口問題研究所
佐藤龍三郎・金子隆一（二〇一五）「ポスト人口転換期の日本――その含意」『人口問題研究』第七一巻第四号、国立社会保障・人口問題研究所
里見賢治（二〇一四）「厚生労働省『自助・共助・公助』の特異な新解釈と社会保障の再定義――社会保障理念の再構築に向けて」
シュムペーター、ヨーゼフ（＝中山伊知郎・東畑精一訳　一九六二）『資本主義・社会主義・民主主義（上巻）』東洋経済新報社
セイックラ、ヤーコ／アーンキル、T・E（＝高木俊介・岡田愛訳　二〇一六）『オープンダイアローグ』日本評論社
セン、アマルティア（＝鈴村興太郎訳　一九八八）『福祉の経済学――財と潜在能力』岩波書店
島田暁文「『増田レポート』再考」『地方自治ふくおか』第六〇号。
塩野谷祐一（二〇〇二）『経済と倫理――福祉国家の哲学』東京大学出版会
スマイルズ、サミュエル（＝関岡孝平訳　二〇一三）『自助論』パンローリング株式会社
総務省（二〇二三）「令和五年度 会計年度任用職員制度の施行状況等に関する調査結果（任用件数等）」
総務省行政評価局（二〇二二）「生活困窮者の自立支援対策に関する行政評価・監視　結果報告書」

菅沼隆・土田武史・岩永理恵・田中聡一郎編（二〇一八）『戦後社会保障の証言――厚生官僚一二〇時間オーラルヒストリー』有斐閣
杉野昭博（一九九二）「『ノーマライゼーション』の初期概念とその変容」『社会福祉学』第三三巻第二号
田端光美（二〇〇三）『イギリス地域福祉の形成と展開』有斐閣
高田真治（一九八三）「制度的社会福祉の概念――ヒューマン・サービスとパーソナル・ソーシャル・サービス」『関西学院大学社会学部紀要』第四七号
高山恵理子（二〇一九）「医療ソーシャルワーカーの業務に医療政策が及ぼした影響――診療報酬の動向と医療ソーシャルワーカーの『退院支援』業務との関わり」『上智大学社会福祉研究』第四三巻
高澤武司（二〇〇〇）『現代福祉システム論――最適化の条件を求めて』有斐閣
武田文祥（一九八〇）「イギリス工場法思想の源流（その二）――工場監督官レナード・ボーナーの思想について」『三田学会雑誌』第七三巻第四号
武田丈（二〇一五）「コミュニティを基盤とした参加型リサーチ（CBPR）の展望――コミュニティと協働する研究方法論」『人間福祉学研究』第八巻第一号、関西学院大学
武川正吾（二〇〇六）『地域福祉の主流化――福祉国家と市民社会Ⅲ』法律文化社
玉手慎太郎（二〇一四）「ベーシック・ニーズが導く本質的自然資本の未来――自然資源の本質性を適切に捉えるために」『社会と倫理』第二九号、南山大学社会倫理研究所
田中拓道（二〇二三）『福祉国家の基礎理論――グローバル化時代の国家のゆくえ』岩波書店
Titmuss, R. M. (1958) *Essays on 'The Welfare State'*, George Allen & Unwin Ltd.
Titmuss, R. M. (1968, 1979) *Commitment to Welfare*, George Allen & Unwin Ltd.
ティトマス、リチャード・M（＝三友雅夫監訳　一九八一）『社会福祉政策』恒星社厚生閣
渡辺一史（二〇一三）『こんな夜更けにバナナかよ――筋ジス・鹿野靖明とボランティアたち』文藝春秋
ウィレンスキー、H・L（＝下村好博訳　一九八四）『福祉国家と平等――公共支出の構造的・イデオロギー的起源』

木鐸社
ワイズ、サラ（＝栗原泉訳　二〇一八）『塗りつぶされた町――ヴィクトリア期英国のスラムに生きる』紀伊國屋書店
山本悠三（一九九六）「社会局設置経過について――『社会行政史序説』その四」『東京家政大学研究紀要』第三六集第一号
安丸良夫（一九九九）『日本の近代化と民衆思想』平凡社
横塚晃一（二〇〇七）『母よ！殺すな』生活書院
米田公則（二〇一七）「『地方消滅』論の社会学的考察」『椙山女学園大学研究論集』第四八号（社会科学篇）。
全国社会福祉協議会・地域福祉推進委員会（二〇二二）「コロナ禍における生活困窮者支援の状況に関する調査報告書」

私たちの社会福祉は可能か
——社会福祉をイチから考え直してみる
Rethinking Social Welfare from the Ground Up

2024年12月25日 初版第1刷発行

著　者　岩田正美
発行者　江草貞治
発行所　株式会社有斐閣
〒101-0051 東京都千代田区神田神保町2-17
https://www.yuhikaku.co.jp/
イラスト　やまもも
印　刷　萩原印刷株式会社
製　本　大口製本印刷株式会社
装丁印刷　株式会社亨有堂印刷所

落丁・乱丁本はお取替えいたします。定価はカバーに表示してあります。
©2024, Masami Iwata.
Printed in Japan. ISBN 978-4-641-17502-0

本書のコピー，スキャン，デジタル化等の無断複製は著作権法上での例外を除き禁じられています。本書を代行業者等の第三者に依頼してスキャンやデジタル化することは，たとえ個人や家庭内の利用でも著作権法違反です。

JCOPY 本書の無断複写(コピー)は，著作権法上での例外を除き，禁じられています。複写される場合は，そのつど事前に，(一社)出版者著作権管理機構(電話 03-5244-5088，FAX 03-5244-5089，e-mail:info@jcopy.or.jp)の許諾を得てください。

事項索引

▷さ　行

▷ま　行

▷や　行

人名索引

▷た　行

▷な　行

▷は　行

▷ま　行

▷や　行